사 람 이 희 망 입 니 다

사람예찬

사람예찬

초판 1쇄 인쇄 | 2009년 11월 15일
초판 1쇄 발행 | 2009년 11월 22일

지은이 | 김재은 외 7인
펴낸이 | 이종열
펴낸곳 | 세종미디어

편집주간 | 김찬웅
편집팀장 | 고유라
마케팅국장 | 박춘우
마케팅·영업 | 김정선

등록번호 | 제301-2008-217
등록일자 | 2008.12.24.
주소 | 서울시 종구 초동 21-1 기영빌딩 6층 704호.
전화 | 02) 2269-1145
팩스 | 02) 2265-1175
이메일 | sejongpub@hanmail.net
값 10,000원
ISBN 978-89-963186-2-0

김재은 외 7인 ⓒ 2009

이 책에 실린 모든 내용, 디자인, 편집 구성의 저작권은 세종미디어에 있습니다.
허락 없이 복제하거나 다른 매체에 옮겨 실을 수 없습니다.

※ 잘못 만들어진 책은 서점에서 교환해 드립니다.

사 람 이 희 망 입 니 다

사람예찬

김재은 외 7인 지음

■ 사람예찬에 부쳐

여기 '한 사람'이 있습니다.
책상이 없고, 전기도 들어오지 않던 시절이었지요.
등잔불 아래 엎드려서 무딘 몽당연필 끝에 침을 묻혀가며 숙제를 겨우 해가던 시골 소년이었습니다.
지독한 부끄러움에 남 앞에 서기를 죽기보다 싫어하고, 사람의 얼굴도 똑바로 보지 못해 공부는 잘했지만 결국 초등학교 6년 내내 반장 한번 못했습니다.

여기 '또 한 사람'이 있습니다.
사람을 무척이나 좋아하는 그를 만나면 누구나 속에 있는 이야기를 하며 편안해합니다.
그는 누구를 만나든 환한 얼굴로 대하고 따뜻한 인연으로 이어지도록 정성을 다합니다.
그렇게 해서 만난 3,000여 명의 장삼이사들에게 매주 월요일 아침, 따뜻하고 행복한 편지를 보냅니다.

그 '한 사람'은 '또 한 사람'과 더불어 삶의 소중한 토막이 되어 있습니다.
세상을 살다 보면 기억하고 싶은 사람, 따뜻하고 행복한 사람이 있는가 하면 길을 가다 만날까 두려운 사람도 있습니다. 그러나 그 어느 것도 소중한 내 삶의 일부, 내 인생의 한 조각 인연이라면 자연스러운 시선으로 그대로 받아들일 수 있지 않을까요?

가을을 가을답게 즐기는 가장 눈부신 방법이 가을 숲으로 들어가는 일이라면 삶을 가장 아름답고 행복하게 살아가는 방법은 사람의 숲 속으로 들어가는 일이 아닐까 합니다.
살아온 삶의 타성에서 나를 살짝 내려놓고, 눈앞의 이익에서 눈을 떼고 하늘 한 번 바라보듯이 관계를 가꾸어가면 내 삶의 아름다운 인연을 얻을 수 있을 거라는 믿음을 가집니다.
그 아름답고 행복한 인간관계에 있어 가장 필요한 것은 '시간'과 '꾸준한 가꿈'이라는 사실을 선물처럼 살짝 전해 드립니다. 쉿!!!

여기 글들은 그 '한 사람' 같은 평범한 사람들의 사람 이야기입니다. 이 책은 링크나우 '내책쓰기' 모임의 두 번째 프로젝트에 참여한 8명의 사람들이 작은 용기를 내어 써 내려간 '사람'에 대한 이야기입니다. 조금은 거칠고, 매끄럽지 않을 수도 있지만 솔직한 자신의 사람 경험을 가을볕에 고추 말리듯이 펼쳐놓았습니다.

생은 길섶마다 예기치 않은 행운들을 숨겨놓는다고 합니다.
무심코 만난 이 책 속에서 운 좋게 인간관계의 작은 이치를 발견할 수도 있겠지요. 우리가 그렇게 했듯이 이 책을 펼친 당신도 '작가'가 되어 누군가에게 당신의 사람 이야기를 들려주시길 희망합니다. 삼라만상의 모든 존재들이 그러하듯, 사람은 그 존재만으로도 가치롭고 소중합니다. 그 인간관계가 아름답고 원만한 모습으로 미소를 짓게 하는 것은 오로지 자신에게 달려 있습니다.

그러기에 행복한 인간관계의 제1법칙이 있다면 단연 '내 스스로 변화하기'가 아닐까 합니다. 다른 이름으로 이야기한다면 '행복의 법칙'일 수도 있을 테고요.

이 작은 책을 위해 함께 애쓴 모든 분들께 큰 감사의 박수를 보냅니다.

사람이 참 좋습니다.
사람이 참 고맙습니다.

사람이 희망입니다.

2009년 가을날에
글쓴이를 대표하여
김재은 손모음

차 례

사람예찬에 부쳐 … 4

나에게 다가온 행복한 인연들 | 김재은 … 11
하나. 혹시 기억하실는지요? · 13 | 둘. 가치 있는 삶 · 15 | 셋. 김재은 라인 · 17 | 넷. 옥수동과 규동 청년 · 21 | 다섯. 한국 아저씨와 호주 한국 아줌마 · 23 | 여섯. 김재은의 행복한 월요편지 · 27 | 일곱. 미묘한 인연 · 30 | 여덟. 모처럼 떠난 미술여행 · 32 | 아홉. 귀차니즘을 물리친 대가 · 34 | 열. 배꽃 그늘 아래에서 · 36 | 행복한 인간관계를 위한 작은 제안 · 37

내 인맥은 내가 만든다 | 최종엽 … 47
인맥은 덤이 아니다 · 49 | 독특한 리더십을 지닌 박 과장 · 50 | 칭찬의 대가, 박 부장 · 59 | 선맥, 악맥, 그리고 쑥맥 · 69

내 마음의 보석상자 | 이은정 … 75
보석상자 하나 · 77 | 보석상자 둘 · 88 | 보석상자 셋 · 93 | 보석상자를 찾아서 · 99

삼척에서 보낸 8년 | 김송호 … 111
첫 직장은 누구에게나 중요하다 · 113 | 이석근 부장과 빈대떡 · 116 | 친한 동기와의 보이지 않는 갈등 · 120 | 내 삶을 이끈 고마운 선배 · 123 | 나 때문에 고생 많았던 권오규 공장장 · 127 | 대한민국 만세, 영원히! · 130 | 나로 인해 벌어진 일대 소란 · 132 | 소중한 추억이 현실로 이어지는 삼척 · 136

나는 인맥이다 | 이숙영 139

고마운 사람보다는 필요한 사람이 되자 · 141 | '내 편'을 만드는 방법 · 151 | 인정받는 사람이 되기 위한 소통의 노하우 · 158

작은 인연 큰 행복 | 유명화 163

사람을 통해 이루어지다 · 165 | 속 깊은 박이호 선생님 · 166 | 함께하는 박홍준 선생님 · 178 | 폭넓은 황보현 선생님 · 186

낯선 사람은 없다 | 안수경 191

나도 누군가의 낯선 사람 · 193 | 친절한 낯선 사람들 · 199 | 디지털 세상에서 만난 친구들 · 203 | 직장 동료와 친구 되기 · 209 | 내 손을 잡아준 사람들 · 213 | 칭찬과 배려는 우리를 춤추게 한다 · 215 | 선물 가득한 세상을 꿈꾸다 · 221

기억에도 온도가 있다 | 박정은 223

신경외과 410호의 꼬마 친구들 · 225 | 나의 설리번, 연규옥 국장님 · 230 | 국장님과의 잊지 못할 추억 · 235 | 기억에도 온도가 있다 · 238 | 나를 행복하게 만든 학부모님들 · 242 | 내 꿈을 이끄는 선생님들 · 246 | 내 인생의 마지막 다이어트 · 250

나에게 다가온
행복한 인연들

김재은

|||||

가슴이 뛰면서 설레는 만남을 기다려본 적이 있는가?
정말 누군가를 만나는 것이 너무나 두렵고 죽기보다 싫은 적이 있었는가?
우리는 좋든 싫든 누군가를 만나게 되는데, 그 만남 속에서 수많은 일들이 이루어진다. 어쩌면 인생 자체가 만남의 연속인지도 모른다.
인간은 사회적 동물이지만 가장 외로운 동물이라는 이야기를 한다. 행복한 관계를 동경하면서도 사람과의 관계 때문에 때로는 고통스러워하기도 한다. 그러나 한 발짝 물러나 세상과 사람과의 관계를 들여다보면 작은 원리가 수없이 숨어 있음을 발견하고는 놀라곤 한다.
그 발견을 정리해 보자. 이를 통해 어떻게 행복한 인간관계를 만들어가야 할지 함께 생각해 보면 어떨까? 어쩌면 바로 오늘 찾아온 작은 인연이 당신의 미래를 아름답고 행복하게 만들지도 모를 일이기에.

|||||

하나. 혹시 기억하실는지요?

3년 전쯤의 일이다.

늦은 밤 지하철 3호선 교대역 플랫폼. 지친 몸을 가누며 상행 열차를 기다리고 있는데, 낯선 청년 한 명이 성큼성큼 다가오는 모습이 보였다. 나에게 오는 건가, 하며 주위를 돌아보았다. 분명 그의 시선은 나를 향하고 있었다. 드디어 내 앞에 선 청년. 아주 당당한 목소리로 또박또박 말했다.

"명함 하나 주시겠어요?"

순간 여러 생각이 스쳤다. 멈칫하는 내게 청년은 이렇게 덧붙였다.

"광고 관련 교육을 받는 중인데 모르는 사람 명함을 받아오는 것이 과제여서요."

문득 호기심이 발동해 물었다.

"왜 하필 나죠?"

"인상이 선해 보여서 명함을 잘 주실 것 같더라고요."

칭찬은 고래도 춤추게 한다던가. 그 말 한마디에 기분이 좋아진 나는 선뜻 명함을 건넸다. 그리고 명함은 많이 받았는지, 힘은 들지는 않는지, 마치 오래전부터 알고 지낸 후배에게 하듯 질문을 이어갔다. 내 질문에 답하던 청년은 마침내 꾸벅 인사를 하고 자리를 뜨려 했다. 그에게 물었다.

"왜 당신 명함은 주지 않는 거죠?"

그의 대답.

"저는 아직 명함이 없습니다. 다음에 꼭 연락드릴게요."

나는 뒤돌아서려는 청년에게 엄지손가락을 추켜올리는 것으로 응원의 신호를 보냈다.

몇 개월이 지났을까. 그날의 인연이 추억 속에 묻힐 무렵 이메일 검색을 하다 낯선 이메일을 발견했다. '혹시 기억하실는지요?' 로 시작하는 메일의 발신인은 바로 그 청년이었다. 메일에는 이런 내용이 적혀 있었다.

> 그날 정말 감사했어요. 그때 베풀어주신 호의와 격려가 저에겐 큰 힘이 됐습니다. 덕분에 국내 유명 쇼핑몰의 쇼호스트로 일하게 되었어요.

이후 나는 청년과 여러 번 이메일을 주고받았다. 직접 만나기도 했다. 지금 그는 내가 매주 월요일 지인들에게 이메일로 발송하는 '행복한 월요편지'의 열렬한 독자가 됐고, 나는 씩씩하고 긍정적인 청년을 아우로 얻었으니 서로에게 얼마나 좋은 일인가.

모르는 사람의 부탁을 나 몰라라 거절할 수도 있었지만 작은 관심을 보인 것이 이런 인연의 끈을 빚어낸 것이다.

나는 오늘도 지하철에 오른다. 특별하고 낯선, 또 다른 인연을 꿈꾸며.

둘. 가치 있는 삶

2년 전쯤의 일이다.

30년 지기인 고교 동창에게서 연락이 왔다. 오래전부터 세상일에 관심이 많아 세상을 밝게 하고, 가치를 높이는 아이디어를 끊임없이 내다가 그 인연으로 국가 균형 발전, 지역 살리기, 지자체 마케팅과 관련된 일을 하는 멋진 친구다.

친구는 얼마 전 정부청사에 갔다가 좋은 분을 만났다고 했다. 다른 사람을 만나려고 갔는데 그분 눈에 띄었고, 끌려가서(?) 차 한잔할 기회를 얻었다는 것이다. 친구는 행정자치부의 고위직 공무원으로 지방행정의 전문가인 그분과 이야기를 나누며 많은 것을 배웠다면서 지나가는 투로 덧붙였다.

"그분, 자원봉사운동을 이끌고 계시다는데 인터넷 검색 한번 해봐!"

고위직 공무원과 자원봉사. 뭔가 잘 어울릴 것 같지 않았고, 자원봉사는 나와 아무런 상관도 없는 것처럼 여겨져서 친구의 말을 무시하듯 넘겨버렸다.

그리고 며칠이 지났을까. 문득 친구의 말이 떠올라 인터넷으로 그분에 대해 알아보았다. 열정이 있는, 인생의 가치를 알고 행동하는 분이라는 느낌이 들었다. 나는 기회가 닿으면 한번 찾아뵈어야겠다는 생각을 하며, 그분과의 인연 맺음을 막연한 미래로 미뤄두었다.

얼마 뒤 친구가 그분이 주도하는 자원봉사 관련 포럼에 가보라는 이야기를 했다. 나는 용기를 내서 그분이 이끄는 아침모임에 참석했다. 마침내 그분을 '만난' 것이다.

나는 그 후 여러 차례의 만남을 통해 많은 것을 얻었다. 먼저 공무원(고위직)에 대한 선입견이 사라졌다. 자원봉사에 대한 이해의 폭이 넓어졌으며, 가치 있는 삶에 눈을 뜨게 되었다. 그분과 관계를 맺고 있는 수많은 인맥을 알게 된 것은 덤이었다. 무엇보다 감사한 것은 결코 만나기 쉽지 않은, 삶의 멘토를 만날 수 있는 행운을 만끽하게 되었다는 것이다.

재미있는 사실은 그분을 알게 해준 친구는 그분과 저만치 떨어져 있는데, 한 다리를 건너서 알게 된 나는 가까운 사이가 되어 삶의 또 다른 기회와 행운을 마음껏 누리고 있다는 것이다. 이 또한 즐거운 일이 아닐 수 없다.

그 인연의 주인공은 바로 행정자치부 지방재정국장과 중앙인사위원회 소청심사위원, 여성가족부 차관을 지내고 한국시민자원봉사회를 15년 넘게 이끌어오고 있는 박승주 님이다. 작은 호기심, 꾸준한 관심으로 만난 인연을 소중히 가꾸어나가야 한다는 것을 다시 느끼게 하는 그런 인연이다.

셋. 김재은 라인

창 너머로 펼쳐진 아름다운 풍경에 취해 있던 작년 여름. 아침 일찍 사무실에 전화벨 소리가 싱그럽게 울려 퍼졌다.

"전「주간동아」기자 구가인이라고 합니다. 소셜 네트워크에 대한 기사를 쓰려고 링크나우에 연락했는데 김 대표님을 소개해 주서서요. 시간 괜찮으시면 잠깐 말씀 좀 나눌 수 있을까요?"

아무리 낯선 사람에게 전화가 와도 매정하게 끊지 못하는 나는 바로 처리해야 할 일이 있었지만 새로운 인연에 대한 작은 호기심까지 일어나 그러겠노라고 대답했다.

구 기자가 묻는 말에 순순히 대답도 하고, 평소 생각을 곁들여 이야기를 하다 보니 시간이 꽤 많이 흘렀다. 구 기자는 큰 기대를 하지 않고 전화를 했다가 여러모로 도움을 받았다며 고마움을 표했다. 그러면서 한번 찾아뵈어도 좋겠냐고 물었다. 나는 흔쾌히 찾아와도 좋다고 대답했다.

얼마 후 구 기자는 약속한 대로 사무실을 방문했다. 구 기자와 나는 점심 식사를 하면서 세상에 대한 이야기를 나누었다. 대화를 나눌수록 서로를 이해하는 폭은 점차 넓어졌고, 우리는 수시로 연락하는 사이가 되었다.

구 기자는, 특히 기자 초년생으로 사회생활이 서툴고 모르는 것투성인데 좋은 분을 알게 되어 너무도 감사하다고 했다. 나 또한 이렇게 알게 되어 즐겁고 고맙다는 뜻을 표했다. 나보다 어리긴 하지만 구 기자에게 배울 점이 많다고 느꼈기 때문이다. 한 사람은 마음이 따뜻한 오라버니를 얻었고, 다른 한 사람은 참으로 순수한, 젊고 아리따운 동생을 얻었으니 서로에게 얼마나 행복한 일인가.

「주간동아」와 「신동아」를 거쳐 현재 「동아일보」에서 세상사와 씨름하고 있는 구 기자는 내가 그와의 인연에 관련된 글을 쓴다고 하자 자기도 살짝 끼어들겠다며 아래의 글을 보내왔다.

김재은 대표를 처음 알게 된 것은 1년 전 온라인에서 인맥 쌓는 방법을 취재하면서였다. 소셜 네트워크 서비스Social Network Service, SNS, 온라인 인맥 구축 서비스로 형성되는 새로운 관계들에 대한 기사를 쓰기 위해, 관련 업체들에 활발히 활동하고 있는 회원 추천을 의뢰했는데 김 대표는 그때 추천받은 사람 중 한 명이었다.

부끄러운 얘기지만, 기자라는 직업과는 별개로 나는 낯가림이 심한 편이다. 인터뷰, 그것도 전화 인터뷰는 영 낯설고 어색하다. 필요한 정보만을 얻고 간단히 통화를 마친다. 그러한 종류의 전화 인터뷰 이후 따로 만나는 것은 흔치 않은 일이다.

그런데 김 대표는 조금 달랐다. 간단한 통화였지만 그에게는 대화하는 상대를 편안하게 만드는 '기술'이 있었다. 그 나이 또래의 아저씨들이 가진 권위적인 말투나 경직성이 없었기 때문인지도 모르겠다. 결국 그와 통화한 후, 나는 김재은 '라인'으로 등록돼 월요일 아침마다 메일을 받는 1인이 됐다.

물론, 관계가 발전된 것은 메일링 리스트에 오르는 것 이상의 계기가 있었기 때문이다. 다시 취재 때문에 급히 사람을 찾을 일이 생기자 "필요할 땐 언제든 전화하라."는 그의 말만 믿고, '염치없이' 다시 연락을 취했다. 어쩌면 귀찮을지도 모를 부탁에 그는 흔쾌히 "내 주변에서 찾아봐주겠다."고 답했다. 결과적으로 필요한 사람을 찾진 못했지만, 그 흔쾌한 답변에 진심으로 감사했다. 이렇게 두 번의 도움을 얻은 후, 김 대표 사무실을 직접 찾아가 인사를 했고, 지금까지 '안부 인사를 주고받는' 관계가 지속되고 있다.

1년 남짓한 기간 동안 몇 번 만난 것만으로 김재은 대표에 대해 이렇다 할 평가를 내린다는 것은 불가능한 일이다. 그 특유의 부담 없는 친화력에 성실한 노력들월요편지, 꾸준한 안부 인사 등이 여러 사람과 맺은 관계를 발전시키는 원동력이 됐으리라 짐작만 할 뿐이다.

내게 김재은식 관계 맺기의 특징을 꼽으라고 한다면 나는 '관계끼리 확장하기'를 들고 싶다. 예컨대 관계를 독점하려는 사람들이 있는가 하면, 자신이 가진 인맥을 서로 소개시켜서 그 관계를 확장하는 사람들이 있다. 김 대표의 경우는 후자에 속한다. 본인의 사업뿐만 아니라 사회봉사 활동에도 열심인 그는, 이러저러한 활동으로 꾸린 인맥을 남과 '적극적으로' 공유하기를 즐긴다. 자신의 주변에는 그렇게 소개받아 따로 더 친해진 관계도 많다고 자랑한다. 언젠가 김 대표에게 그런 점이 서운하진 않느냐고 물었다. 그가 씩 웃으며 말했다.

"그게 다 똑같은 거지, 뭐."

관계를 쌓기 위해 누구보다 성실히, 많은 투자를 하지만, 그 관계를 독점하지 않는 것. 그 대인배적 태도에 수많은 '김재은 라인'이 매료된 것 아닐까.

바쁜 일상에 치여 그냥 지나치기 일쑤인 인연들이 우리 곁에는 많을 것이다. 물론 그냥 스쳐 지나가도 살아가는 데 큰 지장은 없다. 그러나 세상일이란 알 수 없는 법!

어느 날, 열어놓은 창문으로 들어온 한줄기 바람 같은 인연이 나의 삶을 바꾸어버릴 수도 있고, 삶의 재미와 즐거움을 선사할 작은 상자를 안겨줄지도 모른다. 그러기에 나는 오늘도 마음의 문을 활짝 열고 누군가를 기다리고 있다.

■ 넷. 옥수동과 규동 청년

벌써 30년 가까운 세월이 흘렀다.

지방에서 고등학교를 마치고 처음 서울에 올라온 것이 80년대 초였다. 그때 처음 발을 디딘 곳, 그곳이 바로 옥수동이다.

지금은 온통 아파트로 뒤덮여 있고, 서울 남북을 관통하는 3호선 지하철과 멀리 팔당을 지나 용문까지 가는 국철이 있어 교통의 요지가 된 곳, 바로 앞에는 한강공원이, 옆에는 중랑천과 서울숲이 있어, 제법 매력 있는 곳으로 탈바꿈한 옥수동.

그러나 30년 전에는 70번대 번호판을 단 대여섯 개 노선의 시내버스 종점이 있던 곳이었다. 재개발이 수십 번은 진행되었을 법한 판자촌처럼 허름한 집들이 다닥다닥 붙어 있고, 아파트는 물론 번듯한 집 한 채 없던 곳이었다.

그때의 옥수동 기억을 떠올리다 보면 옥수동의 이곳저곳이 살갑게 다가온다. 그런 옥수동을 30년째 오가는 내 눈에 어느 날 산뜻한 풍경 하나가 들어왔다. 바로 미타사 입구 고가 아래에서 빨간 두건을 쓰고 즐거운 콧노래를 부르며 뜨거운 철판 열기에도 아랑곳하지 않고 요리하느라 바쁜 젊은이였다.

내가 퇴근할 무렵인 5시부터 밤늦게까지, 스스로 개발한 소스를 밑천 삼아 부지런히 곱창 요리를 만드는 그가 내 눈에는 예사롭지 않게 보였다. 사실 활기차 보이고, 찾아오는 사람은 누구에게나 상냥하게 대하는 그가 나의 인연의 호기심 안테나에 잡힌 것은 너무도 자연스러운 일이다.

1톤 트럭에 자신의 캐리커처가 그려져 있는 작은 간판을 단 '규동곱창'의 젊은 요리사이자 주인장인 노규동 씨. 그 역시 옥수동이 맺어준 작은 인연이다.

나는 퇴근 무렵 곱창도 살 겸해서 들렀다가 그와 이런저런 이야기를 나누게 되었고, 이 젊은 요리사가 꿈이 있는 멋진 청년임을 알게 되었다. 그 후로는 더욱 그에게 관심이 갔다. 3일은 성수동에서, 3일은 옥수동에서 '움직이는(?) 곱창요리전문점'을 운영하고 있는 그, '규동 청년'은 곧 왕십리에 번듯한 음식점을 열 준비를 하나하나 해나가고 있었다. 당연히 그로서는 하루하루가 즐거운 미래를 위한 계단이었기에 에너지가 넘쳐흘렀던 것이다.

규동 청년도 나와 친분이 생기면서 '행복한 월요편지'의 독자가 되었고, 가끔 답장을 보내왔다. 그러나 언제부터인가 보이지 않아 궁금하던 차에 문자 메시지가 날아왔다. 드디어 왕십리에 자신의 작은 꿈을 이루었다며 꼭 한번 놀러오라는 것이었다. 반가운 것은 물론이요, 나는 내 꿈이 이루어진 것 같은 작은 감동을 느꼈다.

그랬다.

어쩌면 규동 청년은 그냥 스쳐 지나가는 '뜨내기' 곱창 장수에 불과했을지도 모른다. 그러나 작은 관심이 인연으로 이어져 따뜻한 감동을 안겨준 사람이 바로 그 규동 청년이다. 이 얼마나 즐거운 일인가. 가까운 날에 지인들과 함께 규동 청년의 요리 솜씨를 확인하러 가리라.

▨ 다섯. 한국 아저씨와 호주 한국 아줌마

어느 날이었다.

커뮤니티에서 만난 대학 선배가 자신이 칼럼을 쓰고 있는 사이트를 소개해 주며 한번 들어가 보라고 했다. 그 사이트는 다양한 분야에 있는 사람들이 나름대로 특징 있는 글을 자유롭게 올리는, 느낌이 있는 공간이었다.

여러 칼럼니스트 중 순간적으로 느낌이 오는 한 사람이 있었다. '게스트 칼럼'에 세상 이야기를 쓰고 있는 그 사람의 이름은 신아연. 16년째 호주에 살면서 「호주 동아일보」 기자를 거쳐 지금은 한국의 신문, 잡지, 인터넷 사이트, 방송 등에 호주 이야기를 전하고 있는 파워 우먼이다. 표현하기 어려운 어떤 이끌림에 사람에 대한 호기심까지 덧붙여져 나는 용기를 내서 이메일을 보냈다.

칼럼에 대한 느낌을 적고, 내가 지인들에게 보내는 '행복한 월요편지'를 보내드려도 되겠냐고 물었다. 답장은 곧바로 날아왔다. 나는 답장을 읽고 나서 알았다. 표현하기 어려운 느낌을 받은 것은 서로 뭔가 통하는 것이 있기 때문이라는 것을. 나와 비슷한 나이에, 아픈 가족사까지 있다는 것을 알고부터는 더욱 마음이 갔다.

지난 2009년 5월, 그녀는 나의 '행복한 월요편지 200회 기념 행복한마당'에 따뜻한 축하의 편지를 보내주어 내 마음을 훈훈하게 했다. 그 내용을 소개한다.

이슬람 신비주의 교도 바야싯이라는 사람이 이런 고백을 했다고 하지요.

가슴속에 참숯불이 가득 이글거렸던 젊은 시절, 혁명가를 지향했던 나는 하나님께 이렇게 기도했다.
"주여, 나에게 이 세상을 개혁할 힘을 주소서."
어느덧 중년에 이르러 단 한 사람의 영혼도 내 의지대로 고쳐놓지 못한 채 반생이 흘렀음을 깨달은 그때, 내 기도는 이렇게 달라졌다.
"주여, 내가 만나게 되는 사람들을 변화시킬 수 있는 은총을 주소서. 제 가족과 친지들만이라도 개심시킨다면 크게 만족하겠나이다."
그리고 세월이 나를 노인으로 만들었다. 죽을 날이 언제일지는 모르지만 그 순간이 곧 임종이었다. 이제야 비로소 내가 내쉬고 들이쉬는 숨소리가 고르다는 것을 느낀다. 지난날의, 쉬 달구어지고, 쉬 식었던 내가 부끄럽다.
지금의 내 유일한 기도는 이렇다.
"주여, 나 자신을 고칠 은총을 주소서."
처음부터 이렇게 빌었던들, 일생을 이렇게 허송하지 않았으련만.

'행복한 월요편지 200회 기념 행복 한마당'을 축하드리는 편지를 써야겠다는 생각을 하자 불현듯 이 기도문이 제 마음을 붙들었습니다. 맨 마지막 구절에서 일평생 찾아 헤맨, 참다운 행복으로 통하는 비밀의 문이 비로소 열렸다는 것을 알았기 때문입니다.
매주 날아오는 행복 디자이너 김재은 님의 편지에는 갖가지 모양과 빛깔의 행복이 들어 있습니다. 저는 그 편지가 월요일에 배달되는 것이 제일 마음에 듭니다. 왜냐하면 저를 비롯해서 월요일에 행복할 사람은 별로 없을 것 같기 때문입니다. 오죽하면 '월요병'이라는 말까지 생겼겠습니까. 그런 월요일에 지난 한 주의 행복과 지금부터 펼쳐질 새로운 한 주의 행복을 조곤조곤 이야기하는 소리에 가만 귀를 기울이노라면 마음속의 작은 울림을 느낄 수 있습니다. '그래, 지난 한 주도 그런대로 행복했었지, 오늘부터 시작되는 새로운 한 주도 행복하게 보낼 수 있을 것 같아.' 하는.

'행복한 월요편지'의 다양한 주제와 소재의 버무림은 '그래서 좋았다, 기쁘고 만족했다, 행복했다.'로 결론지어집니다. 바야싯의 고백대로라면 어떤 환경이든 자신의 생각을 고쳐먹는 순간 행복이 찾아온다고 할까요.

사람들이 생각하는 행복의 모습은 저마다 너무 달라 절대적인 정의를 내릴 수 없지만, 저는 바야싯의 기도를 저의 행복론으로 삼고 싶습니다. 나 자신을 변화시키는 것, 비록 99% 암담한 상황일지라도 1%의 밝은 면, 긍정적인 면에 기꺼이 초점을 맞추려 애쓰는 것, 바꿀 수 없는 환경을 탓하는 대신 환경을 대하는 나의 태도를 바꾸는 것, 그것이 곧 삶의 매순간을 최선을 다해 행복할 수 있는 비결이 아닐까 싶습니다.

어떻습니까? 행복에 겨워 매주 지인들에게 편지를 쓰지 않고는 견딜 수 없는 김재은 님을 한동안 시샘(?)만 하다가 '나도 이분처럼 행복하게 살고 싶다.'는 울렁거림으로 디자인해 본 저의 '행복 만들기'도 그럴듯하지 않습니까?

200회를 맞은 '행복한 월요편지 잔치 한마당'에 모이신 여러분들은 어떻게 행복을 디자인하고 계시는지 궁금합니다.

호주 시드니에서
신아연 드림

지금도 이메일을 통해서만 이야기를 주고받는 사이지만 신아연 님은 오랜 친구 같은 느낌이 든다. 내가 감히 넘볼 수 없을 정도로 전문적인 작가이지만 이 작은 인연을 바탕으로 머지않은 미래에 함께 책을 쓸 계획도 세워놓았다. 그 책 제목은 아마 '한국 아저씨와 호주 한국 아줌마의 맛깔 나는 세상' 정도가 되지 아닐까?

여섯. 김재은의 행복한 월요편지

2005년 4월 5일. 식목일 아침이었다. 옥수동 아파트에서 내려다본 미타사 비탈길은 아직 봄기운이 무르익지는 않았지만 새싹들의 기세는 대지를 뚫고 나올 듯 힘찼다. 식목일이니 어디로든 나무 한 그루 심으러 가야 하는 게 아닐까, 하는 생각을 하는데 문득 떠오른 단상 하나. 마음속에도 나무 한 그루는 심어야 한다는 것.

삶의 궁극적 목적은 행복이다. 행복이라는 나무 한 그루 심어서 무럭무럭 키워보면 어떨까. '좋아, 지인들에게 편지를 써서 보내보자.'는 생각에 컴퓨터를 켰다. 그 첫 편지는 이러했다.

식목일 아침입니다.
자연의 이치란 참으로 신기하기만 합니다.

삭풍과 눈보라가 몰아치는 한겨울이었다가 어느새 만물이 소생하는 봄이 오는 것을 보면요.
뭔가 원칙 같은 게 느껴지지 않으세요?
바쁜 일상, 우왕좌왕하며 살다 보면 어느새 계절은 변해 있지요.
오늘은 식목일.
꼭 식목일이어서가 아니라 마음속에 삶의 원칙이기도 한 '행복'이라는 나무를 심어보시면 어떨까요?
주도적으로 이끌어가기 어려운 삶의 부분이 있다면 과감히 내버려두고 이 '행복'이라는 원칙에 집중해 보면 어떨까요? 그러기 위해서 해야 할 일을 찾아 지금 바로 해보세요. 왜냐하면 우리 모두는 행복한 삶을 살아야 하니까요.

가끔씩 이런 글, 보내드려도 괜찮으시겠지요?
지금까지 살아오는 동안 가장 멋졌던 날보다 더 멋진 하루를 보내시길 기원하며.

2005. 4. 5. 식목일 아침에

德藏 김재은 손모음

'김재은의 행복한 월요편지'는 그렇게 시작되었다. 처음엔 한 달에 두 번, 때론 세 번을 보냈다. 그러다 지금은 매주 월요일 아침에 보내고 있다. 편지에는 일상의 생각, 살아가면서 느낀 작은 행복이 담겨 있다. 처음에는 이메일 리스트에 있던 400여 명의 지인에게 보냈는데 만나는 사람들이 한 분 한 분 늘어나면서 편지를 받아보는 분도 이제는 3,000명 가까이 된다.

행복한 월요편지는 다른 편지들과는 달리 작은 인연부터 큰 인연까지 수많은 인연으로 만난 사람들과 나와의 소중한 소통의 문이다. 시시한 개인의 일상을 적은 이야기라 사람들은 공감하기도 하고, 무시하기도 한다. 그러나 호기심 어린 눈으로, 기대감을 안고 지켜봐주는 수많은 지인들을 보면 존재감과 함께 더불어 사는 의미를 진하게 느끼게 된다. 내게는 참으로 정겨운 '행복 한마당'인 것이다.

4년이 훌쩍 지난 지금, 편지는 나와 수많은 사람들 사이에 있을지도 모르는 장벽을 허물고, 구덩이를 메우며, 가시덤불을 헤쳐나가는 1인 매스미디어가 되었다. 생각만 해도 살며시 미소가 도는 좋은 인연, 그래서 가슴이 살짝 따뜻해지는 관계의 전령사가 되었다. 때론 편지를 핑계(?) 삼아 과감하게 전화번호를 누르고, 이메일을 보내며, 오랜 친구인 것처럼 수다를 떨기도 한다.

나는 이 같은 인연을 바탕으로, 행복한 월요편지를 서로에게 도움이 되는, 즐거움을 주고 가치를 만들어가는 공간인 해피허브 Happyhub 로 발전시켜 나갈 준비를 단단히 하고 있다. 별것 아닌 편지지만 말이다. 지금, 세상을 향한 자신만의 채널을 준비해 보는 것은 어떨까? 아마 당신도 이 행복한 관계의 주인공이 될 수 있을 것이다.

일곱. 미묘한 인연

작년 겨울 끝자락이었던가?

평소 알고 지내던 공간·환경디자인 전문가 김경인 박사로부터 전화를 받았다. 자신이 주관하는 좋은 심포지엄이 있는데 꼭 오라는 것이었다. 호탕한 성격에 솔직하기까지 한 김 박사이기에 가겠노라고 냉큼 약속을 했다.

19세기 교실에서 20세기 교사가 21세기 아이들을 가르친다는 말이 있듯 우리네 학교의 교육 공간은 대부분 삭막하고 불편하고 비문화적이라는 것에 이의를 달 사람은 많지 않을 것이다. 이런 문제의식에서 출발하여 문화관광체육부와 함께 '문화로 아름답고 행복한 학교 만들기'를 주도하고 있는 김 박사는 이 땅의 청소년들을 행복으로 이끄는 문화 전도사라는 생각이 든다.

그날 국립민속박물관에서 열린 심포지엄에 참석한 나는 여러 발표자 중에서 눈에 번쩍 띄는 사람을 발견했다. 그녀가 발표한 내용은 핀란드의 교육 현장에 대한 것이었다. 자연과 삶을 조화시키고, 아이들 스스로 판단하고 직접 경험하며 생각하도록 이끄는 핀란드의 교육 시스템과 프로그램은 창의적이었다. 참으로 신선했다. 우리의 교육 현실과 비교하니 너무 부러웠다.

교육에 관심이 많은 나는 이 사람과 인연을 맺어야겠다는 강한 충동을 느꼈다. 나는 발표를 끝낸 그녀에게 다가가 인사를 했다. 그녀는 맑게 웃으며 내게 엽서 크기의 명함을 한 장 건넸다.

그녀의 이름은 당연히 이메일 리스트에 올라갔다. 나는 며칠 후 '당신이 강의한 내용에 큰 감명을 받았다. 우리의 교육 현실을 바꿔나갈 수 있는 지혜를 모아보자.'는 이메일을 보냈다. 곧 그녀에게 답장이 왔고, 공감하는 바가 있었던 우리는 꾸준히 연락을 주고받았다. 공공디자인엑스포나 북유럽디자인전 등에서 만나기도 했다.

안애경. 핀란드에서 15년 가까이 살고 있는 그녀는 지금 한국을 오가며 큐레이터와 아트 디렉터로 일하고 있다. 경쟁을 부추기는 이 땅의 입시 위주의 교육 현실에 마음 아파하는 그녀는 창의적 교육, 자연과 감성, 따뜻함이 살아 숨 쉬는 교육 공간을 만들고자 애쓰는 곧은 사람이다.

나는 우연히 심포지엄에 갔다가 우리의 교육을 함께 희망으로 만들어나갈 소중한 파트너가 될지도 모르는 그녀를 만났다. 미묘한 인연은 도처에 널려 있다는 생각이 든다.

그녀는 최근 『핀란드 디자인 산책』이라는 책을 출간했다. 지금 우리나라에는 '디자인 수도'를 부르짖을 정도로 디자인 바람이 불고 있는데, 이 책에서 그녀는 핀란드의 사례를 제시하며 진정한 디자인이란 무엇인지를 물 흐르듯이 이야기하고 있다.

▩ 여덟. 모처럼 떠난 미술여행

6년 전 문화 관련 마케팅회사를 할 때는 문화, 예술 관련 모임에 나갈 기회가 자주 있었다. 덕분에 그 분야 사람들과의 인연이 많이 생겼다.

2003년 가을, 한국경제신문과 한국공예문화진흥원이 함께 공예아카데미 CEO 과정을 만들었다. 나는 지인의 소개로 그 과정에 1기로 들어갔다. 지금은 벌써 7기가 진행되고 있는데 그 과정을 이수한 사람들이 한국공예리더스클럽이라는 단체를 만들어 나름대로 활발히 활동하고 있다. 여러모로 열악한 한국 공예산업 발전에 한몫하고 있는 것이다.

한국공예리더스클럽은 정기적으로 공예문화 답사여행을 하고 있다. 2006년 가을에는 전주와 광주비엔날레를 다녀오기도 했다. 당시 광주비엔날레 총감독을 맡은 사람이 우리 모임 멤버의 부인이어서 특별한 일정이 될 거라는 작은 기대를 안고 서울을 떠났다.

전주에서 1박을 하고 광주비엔날레 전시장에 도착한 우리는 모처럼 떠난 미술여행에 푹 빠져들 수 있었다. 나는 그곳에서 조인호 전시사업부장을 만났다. 그날 우리 일행을 안내한 사람이 바로 그였다. 인상이 참 맑은 조 부장님과는 주로 이메일로 안부를 주고받았다. 나는 그분이 들려준, 삶에 힘이 되는 이야기에 많은 용기를 얻었다.

조 부장님은 행복한 월요편지 200회 행사에 참으로 감동스러운 축하의 편지를 보내왔다. 소중한 인연을 자랑할 겸 일부를 소개한다.

월요일 아침에 '행복한 월요편지'라는, 라디오방송 프로그램 이름 같은 한 주의 알람을 접하게 된 것이 벌써 여러 해 전의 일입니다. 숨길 수 없는 긴장감으로 조종석에 올라앉아 한 주의 운항을 시작하려는 순간, 하얀 새 한 마리가 너울거리며 내 앞을 스쳐 지나가듯 월요편지는 잠깐 동안 슬쩍 해찰을 하게 만드는 말 걸기 같은 것이었습니다.

일상의 소소하고, 어찌 보면 시시콜콜한 한담들. 주말 산행 이야기, 아이들 이야기, 고뿔이 왔다는 이야기 등등. 서로 꽤나 낯익고 이물 없는 사람들이나 주고받을 법한 일상의 얘기들이 차 한잔 앞에 놓고 이야기하듯 펼쳐지는, 말 그대로 편지였습니다.
어떤 한 대상을 상대로 속마음을 주고받는 편지와는 다르겠지만, 무수한 사람들을 상대로 매주 월요일이면 어김없이 차 한잔 나누듯 다가오는 '월요편지'. 200회를 맞이한 것을 진심으로 축하드리고, 그 행사와 상관없이 그동안 공짜로 누려왔던 수혜에 대해 조금이나마 대꾸를 해드릴 수 있게 되어 참 다행이라는 생각이 듭니다.

준비하시는 행복 한마당 행사도 기쁨과 행복으로 빛나시길 바라고,

세상과 온기 나누시는 일이나, 행복을 디자인하는 일이나 하시는 사업 모두 뜻하신 대로 잘 이루어지기를 바랍니다.

나는 오는 가을 지인들과 삶의 향기를 좇아 디자인비엔날레가 열리는 광주와 남도 지방으로 '행복투어'를 떠날 예정이다. 물론 정겨운 조 부장님을 만날 계획도 가지고 있다. 반가움 반과 신기한 인연의 즐거움 반으로 함께한 일행의 여행이 더욱 흥겨워지리라는 생각에 벌써부터 가슴이 설렌다. 이런 인연을 맺고 있는 사람은 비단 나만이 아닐 것이다.

아홉. 귀차니즘을 물리친 대가

지난 2009년 4월 말, 온라인 인맥 사이트인 링크나우에서 활동하고 있는 한 지인이 내게 좋은 강의가 있으니 참석해 보라고 권했다. 전하진, 한글과 컴퓨터 전 대표의 강의였다.

다른 일정도 있었고, 장소가 이화여대 근처라 거리도 있고 해서 망설이다 그래도 가보면 도움이 될 것이라는, 경험칙이 자꾸 다리를 잡아당겨 참석했다.

전하진 전 대표의 열정 어린 강의도 좋았지만 강의 후 뒤풀이 자리에서 여러 사람과 강의 내용에 대한 이야기를 주고받았던 것도 좋았다. 그 자리에서 밝고 쾌활한 모습으로 사람들과 스스럼없이 이야기를 나누는 한 사람이 눈에 들어왔다. 어디선가 본 듯한 얼굴이었다. 명함을 교환했지만 만난 기억은 없었다. 그런데 왜 이리 낯익을까?

그것은 나만의 느낌이 아니었다. 상대방도 같은 느낌이라고 했다. 신기했다.

그렇게 만난 사람이 경영컨설턴트 김정남 씨다. 부모님이 남자처럼 당당하고 씩씩하게 살라고 지어준 이름이라고 했다. 능력 있는 파워 우먼인 그녀의 적극적이고 활달한 성격 덕분에 우리는 곧 친해졌다. 나는 안 지 얼마 안 된 그녀에게 '행복한 월요편지' 200회 기념 행사에 편지를 읽어달라고 부탁했고, 그녀는 내 부탁을 흔쾌히 들어주었다.

M&A와 기업 상장 업무 등 경영컨설팅에 뛰어난 능력을 지닌 그녀는 해당 분야의 여성 CEO가 될 날을 꿈꾸고 있다. 가끔 만나거나 전화 통화를 하며 세상 이야기도 나누는 우리는 이제 서로에게 힘이 되는, 아름다운 친구 같은 오누이가 되었다. 삶의 즐거운 인연이 끝없이 이어지는 것이 그저 기쁠 뿐이다.

작은 귀차니즘을 물리치고 나갔던 강의 뒤풀이 자리에서 이토록 삶에 기쁨을 주는 소중한 인연을 만날 줄이야. 오늘도 아름다운 인연이 곳곳에서 내게로 올 기회를 엿보고 있다.

열. 배꽃 그늘 아래에서

2006년 가을이었다.

나는 광주에서 열린 지역혁신박람회에 참석했다. 지역혁신박람회란 전국 각 지자체가 '지역이 살아야 나라가 산다.'는 대명제를 모토로 한곳에 모여 지역정책을 이야기하고, 특산물 등 각 지역의 자산과 상품을 홍보하는 특별한 마당이었다. 나는 여러 세미나와 포럼, 전시장 등을 돌아다녔는데 우리의 지역 현실을 이해하고, 지식과 정보도 얻고, 좋은 사람도 만난 즐거운 시간이었다.

둘째 날, 우연히 농업 여성 CEO포럼에 참석한 나는 발표자로 나선 장상희 님을 만나게 되었다. 그녀는 충남 아산에서 유기농으로 재배하는 배 농원을 경영하고 있다고 했다. 어두운 농촌 현실과 정면으로 부딪치며 농업의 새로운 미래를 열어가는 그녀는 말 그대로 'CEO'였다. 참 대단하다는 느낌이 온몸에 전해져 왔다. 나는 집에 돌아와 그때 받은 감동을 이메일에 적어 보냈고, 그때부터 우리의 인연은 시작되었다.

그녀가 보내는 이메일에는 농사를 지으면서 느낀 이야기, 때로는 낭만적이기까지 한 과수원 이야기가 들어 있었다. 농촌 출신인 나에게는 정감 있고 따뜻한 이야기였다.

그녀는 2007년 봄에 있었던 행복한 월요편지 100회 기념행사에

배즙을 한 아름 안고 참석했다. 그녀의 순박한 모습은 많은 사람들에게 감동을 불러일으켰다. 바르고 행복한 삶을 지향하고, 또 그렇게 살아가는 그녀는 문득문득 현재 나의 '삶의 모습'을 돌아보게 하는 거울 같은 존재로 다가온다.

최근 그녀 부부는 한 일간지에 '유기농 부부'로 소개되었다. 지면으로 건강한 삶을 향한 그동안의 거칠고 투박한 땀방울이 조금씩 성과로 이어지고 있다는 소식을 접하니 무척이나 반가웠다.

꾸준하게 이어지는 그녀와의 인연. 한동안 연락을 하지 못해 아쉽다. 내년 봄에는 지인들과 화사한 배꽃 그늘을 찾아 아산으로 봄나들이를 갈 생각이다. 하얀 배꽃 그늘 밑에서 아름다운 사람들과 어울리는 내 모습을 상상해 본다.

그것이 바로 살맛나는 세상 아닐까?

▰ 행복한 인간관계를 위한 작은 제안

앞서 이야기한 여러 경험과 사례들을 중심으로 인간관계에 대한, 평범하지만 소중한 몇 가지 제안을 해본다.

1. 기본으로 돌아가자

Back to the Basic. 한때 많은 사람들에게 회자되었던 말이다. 아니 유행을 탔다는 말이 맞을 것이다. 한국이 워낙 분위기에 따라 왔다 갔다 하는 나라 아닌가.

사실 한국 사회는 빠른 시간에 집중적으로 경제가 성장한 탓인지 기본이나 과정보다는 결과를 더 중요시하는, '기본'과는 별로 친하지 않은 사회라는 생각이 든다. 특히 과학 분야는 기초학문을 경시하는 풍조가 여전하고, 소위 돈 되는 것만 파고드는 바람에 원천기술 도입 등에 따른 로열티 지급으로 엄청난 손실을 보고 있는 것이 현실이다.

인간관계도 마찬가지다. 기본에 충실하지 않으면 좋은 결과를 얻을 수 없다. 기본과 상식을 바탕으로 사람을 이해하고 배려해야 물 흐르듯 원만하게, 소중한 인연을 이어갈 수 있는 것이다.

나는 수많은 사람들을 만나면서 기본에 충실하려고 노력한다. 인간관계에서의 기본이란 상대방을 진심으로 대하는 것, 꾸준히 관계를 가꾸어나가는 것, 상대방을 배려하는 것, 상대방의 말을 귀 기울여 듣는 것이라 할 수 있다.

지금 사람과의 관계로 갈등하고 고민하는 이여, 지금 상황에서 눈을 떼고 기본으로 돌아가 보자! 너무나 쉬운 방법이 당신을 기다리고 있을 것이다.

2. 입장 바꿔 생각해 보자

우리 삶이나 인간관계에 대해 이야기할 때 가장 많이 거론되지만 가장 실천하기 어려운 말이 아닐까 한다. 내 입장만 고집하다 보면 상대방의 입장이나 처지는 무시하게 된다. 그로 인해 소통이 어려워지면서 결국은 서로가 피해를 보는, 상생相生이 아닌 상멸相滅관계가 되고 만다. 반면에 상대가 무엇을 원하는지 알고, 내가 먼저 해주면 원만하고 좋은 인간관계를 맺을 수 있을 것이다.

상대방 입장에 서서 나와의 관계를 들여다보면 내 자신을 보다 객관적으로 볼 수 있다. 내 자신의 생각이나 삶을 돌아볼 기회도 된다. 그러면 한 차원 더 높은 사회적 존재로서의 마인드를 가질 수 있지 않을까?

어쨌든 이제 세상은 경쟁 중심의 시대에서 서로 도와 파이를 키워 나누는 상생Win-Win의 시대로 나아가고 있다는 것을 마음에 새겨두자.

3. Give & Take를 넘어 Give & Give로!

아라비안나이트에 나오는 이야기다.

왕이 신하들에게 이 세상의 진리를 한 문장으로 정리해 보라고 했다. 결론은 '세상에 공짜는 없다.' 였다. 그럼에도 공짜 심리, 무임승차, 불로소득 등 우리 사회는 여전히 그 패러다임에서 자유롭지 못하다. 이는 때로는 자본주의 사회의 특징처럼 보이기도 한다.

그러나 세상의 인간관계는 서로 의지하고, 서로 관련되어 있는 상의상관相依相關적 관계로 이루어져 있다. 내가 공짜로 얻는 무엇도 누군가의 땀이나 노력으로 이루어진 것이다. 사실 이런 불로소득적인 태도가 개인은 물론 사회적으로 갈등을 낳는 근본 원인 중의 하나라는 생각이 든다. 무엇인가를 얻으려면 기꺼이 대가를 지불하라!

누구나 적은 노력을 들여 큰 결과를 얻으려고 한다. 그러기에 상대방이 먼저 자신이 원하는 것을 해주길 바란다. 그러나 먼저 주어야 얻을 수 있다. 먼저 주었으니 바로 결과가 나올 것이라는 생각도 문제다. 주었다고 바로 결과가 나오는 법은 거의 없고, 어떤 경우에는 도움을 준 상대로부터 아무것도 얻을 수 없기 때문이다. 따라서 단기적 Give & Take로는 높은 수준의 인간관계를 맺기 어렵다.

반면에 주고 또 주겠다는 마음으로 대하면 상대의 마음을 움직일 수 있다. 베풀면 베풀수록 무엇을 얻는 기회가 많아지는 것도 사실이다. 또한 이해관계의 선순환이 만들어진다면 어디서 어떤 결과가 나에게 돌아올지 모른다. 많은 사람들이 놓치고 있는 것이 바로 이 부분이다. 좀 더 넓게 보면 수많은 사람들이 관계와 관계가 이어지는 순환 속에서 무엇을 주고받는다는 것을 알 수 있다.

눈앞의 이익을 탐내지 마라.

참고 기다린다면 최대의 수혜자는 바로 당신이 될 것이다. 관계방정식의 비밀을 풀 수 있는 지혜로운 답이 여기에 있다.

4. 꾸준히 가꾸어라

'빨리 빨리' 문화가 사회 전반에 퍼져 있는 탓일까. 모임에서 만나 명함 한 장 준 것뿐인데 바로 연락해서 비즈니스를 시작하려는 사람이 있는가 하면, 한 번 만났는데 친한 친구에게 하듯 다짜고짜 찾아와 바쁜 일정을 망쳐놓는 사람도 있다.

상대방을 이해하는 데는 시간이 걸린다. 끝없는 노력을 통해 신뢰가 쌓여야만 서로에게 도움이 될 수 있는 관계가 된다. 꾸준한 가꿈이 필요한 것이다. 봄에 씨 뿌리고, 한여름의 땡볕을 견디며 김을 매주고, 벌레도 잡아주어야만 가을에 풍성한 수확을 할 수 있는 것과 같은 원리다. 팔로업 follow-up, 팔로스루 follow-through라는 말처럼 꾸준한 가꿈이 있어야 좋은 결과를 얻을 수 있다.

오늘 당장 무엇을 하려 하지 마라. 조바심 내고 아등바등하면 기회는 사라질지 모른다. 브랜드 하나 만드는 데 수십 년이 걸리는 것처럼 좋은 인간관계를 만드는 데도 상당한 시간이 필요하다. 꾸준한 노력으로 당신만의 브랜드를 만들어가다 보면 좋은 인간관계는 덤으로 따라올 것이다.

5. 그냥 해라

앞에서 말했듯이 성급하게 다가가 인간관계를 망치는 사람이 있는가 하면 두려운 마음에 수없이 망설이다 결국 아무것도 하지 못하는 사람도 있다.

세상의 어떤 일이든 해야 이루어지고, 어떤 관계든 만나야 맺을 수 있다. 누군가와의 만남이 필요하다면 가벼운 마음으로 자연스럽게 다가서자. 일단 만나자고 하는 것이 중요하다. 물론 큰 기대는 하지 말아야 한다. 상대방이 바쁘거나 여러 가지 이유로 나와의 만남을 거부할지 모른다. 하지만 그 상황을 미리 생각하고 판단해서 포기할 이유는 없다. 상대방은 반가운 마음으로 만나자는 당신의 청을 받아들일지도 모른다. 문자 메시지나 이메일, 또는 전화 한 통이 당신의 삶을 바꿀 수도 있다. 선입견을 떨쳐버리고, 나름의 목표를 가지고 손가락 운동을 하라! 기꺼이.

6. 사람과 만나라

꿈이 있어야 인생을 제대로 그려나갈 수 있듯이 만남 없이는 관계를 만들기 어렵다. 사람을 만나는 것이 두려워 전화나 이메일로만 뭔가를 시도하는 사람들이 많다. 그러나 전화나 이메일로는 상대방의 생각을 알 수 없다. 상대의 눈을 마주 보고, 그가 하는 말에 귀 기울이여야 원만한 커뮤니케이션이 가능하다. 상대가 내 몸짓 하나에도 따뜻한 시선을 보낼 때 진정한 소통이 시작된다.

사람과 만나라. 만남 없이는 아무것도 얻지 못한다.

7. 당당하게 나를 사랑하라

우리가 진정한 인간관계를 만들지 못하는 가장 큰 이유는 자신감

부족일 것이다. 누구나 마음속에 열등감이나 상처 한 조각 정도는 가지고 살아간다.

모든 불행은 남과 비교하는 것에서 시작된다고 한다. 객관적으로 비교해서 자신이 기죽을 이유가 없는데도 많은 사람들이 열등감을 안고 세상을 살아간다. 그러다 보니 자신감이 없어지고, 웬만하면 사람들과 엮이려 하지 않게 된다. 심한 경우에는 비굴한 태도까지 보인다. 자신감이란 나를 있는 그대로 받아들일 수 있는 용기라고 할 수 있다. 당당하게 자신을 사랑하라!

내가 어떤 존재이냐가 아니라 나를 그대로 받아들일 수 있는 용기가 있느냐는 것에 내 인생이 달려 있다.

셀프 이미지를 높여라!

자신감을 가지는 순간 나는 의미 있는 특별한 존재가 된다. 그때부터 즐거운 관계, 신나는 삶이 시작된다.

8. 귀차니즘을 이겨라

성공은 수많은 핑계와의 싸움에서 이겨야 이룰 수 있다고 한다. 꿈과 목표가 희미해지면 사람들은 핑계를 만들어낸다. 그 핑계는 또 다른 핑계를 만들어 자신을 점점 더 성공에서 멀어지게 한다.

인간관계도 마찬가지다. 약속은 물론 좋은 강의를 들을 기회, 사람들과 만날 자리 등이 있다면 지금 바로 자리를 박차고 일어나 참여하라. 절대 별 볼일 없을 거라고 지레 짐작하지 마라. 당신은 작은 용기를 낸 것이지만 그 대가는 생각보다 크다. 그로 인해 재미있는 일이 생길 것이다. 귀차니즘을 이겨낸 당신의 발걸음, 그에 대한 보상은 너무도 크다.

9. 작은 인연도 소중하게 여겨라

위대한 성공은 수많은 작은 성공이 쌓인 결과이다. 어떤 엄청난 인연도 옷깃을 스치는 작은 인연으로 시작된다. 그러니 시시하고 작다고 무시하지 마라. 그 인연의 결과는 아무도 알 수 없다. 어쩌면 내 주변에 있는 작은 인연들 속에 상상하기 어려운 큰 보물이 숨어 있을지도 모른다.

지금 바로 주위를 둘러보고 잊고 있었던 작은 인연들을 소중하게 챙겨라. 당신은 지금 보물섬에서 보물을 찾을 수 있는 귀중한 지도를 손에 쥐고 있다.

10. 발은 현실에 두되 멀리 보고 나아가라

세상을 살아가다 보면 수많은 사람들을 만나게 된다. 그러나 인연이 소중하다고 해서 모든 사람들과 관계를 맺을 수는 없다. 때로는 결단을 내리고 과감하게 인연의 고리를 끊어야 할 때도 있을 것이다. 물론 그때의 판단이 잘못되어 땅을 치고 후회할 일도 있을 것이다.

그러기에 사람과 관계를 맺을 때는 균형감각이 필요하다. 때로는 단기적 관점에서 현미경을 가지고 세밀하게 관계를 살펴보기도 하고, 중장기적 관점에서 망원경을 가지고 마치 산에 올라 먼 곳을 내려다보는 것처럼 세상을 넓게 바라보는 여유가 필요하다.

"발은 현실에 두되 멀리 보고 나아가라."는 말은 인간관계에도 그대로 적용된다. 인간은 사회적 동물이라고 한다. 수많은 인연, 수많은 관계 속에서 살아가기 때문일 것이다. 그 관계로 인해 때로는 좌절하고 때로는 즐거워하기도 한다.

모든 존재는 존재하는 것만으로도 참으로 소중하다. 나나 상대방 모두 소중한 것이다. 그 소중한 관계를 여는 열쇠는, 삶의 주인공인 내가 쥐고 있다. 아름다운 인간관계를 위해 마음의 문을 활짝 열고 부지런히 뛰어야 하는 이유가 바로 여기에 있다.

행복한 삶, 즐거운 세상은 생각보다 가까이 있다.

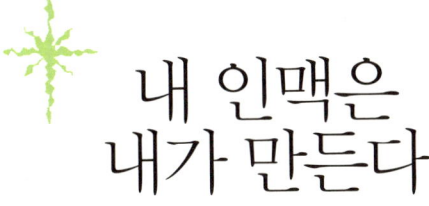

내 인맥은
내가 만든다

최종엽

|||||

경기도 부천에 유명한 반도체 공장이 하나 있다. 회사 정문을 들어서면 아담한 정원 입구에 작은 석탑 조형물이 보인다. 조형물에는 '한국 반도체 기술의 산실'이라는 글씨가 새겨져 있다. 고 이병철 삼성그룹 회장이 쓴 글이다. 현재는 미국계 반도체 회사가 되었지만 이곳은 한국에서 가장 먼저 반도체를 시작한 유서 깊은 곳이다. 1974년 삼성이 인수한 한국반도체 부천공장이 삼성반도체통신, 삼성반도체, 삼성전자 부천공장, 페어차일드 반도체 코리아Fairchild Semiconductor Korea로 이어지면서 국가 이미지를 한 단계 끌어올린 반도체의 태동지인 것이다.

|||||

▨ 인맥은 덤이 아니다

  나는 1984년 말 삼성반도체통신에 신입사원으로 들어가 2004년까지 20년간 근무했다. 그동안 직속 상사가 무려 15번이나 바뀌었다. 직장을 옮긴 적도 없는데 말이다.
  대책 없이 달달 볶아대는 상사도, 물에 물 탄 듯 술에 술 탄 듯 대충 묻어가는 상사도, 헤어지기 싫은 매력적인 상사도 있었다. 처음에는 영원히 내 위에 군림할 것 같았던 상사도 있었다. 그러나 그런 상사일수록 오히려 생각보다 빨리 바뀌었다. 회사는 변하지 않으면 살아남을 수 없는 조직이기 때문이다.
  직장인들이 일을 하는 첫 번째 이유는 경제적인 이유에서일 것이다. 월급을 받아야 생계를 꾸려나갈 수 있는 것이다. 회사가 월급을 주지 않는다면 스트레스를 참을 이유도, 한 방 날리면 속이 시원할 것 같은 상사에게 웃으며 인사를 할 이유도 없다.

  그러나 월급으로 오늘을 살 수는 있지만, 미래를 꿈꿀 수는 없다. 월급도 중요하지만 놓쳐서는 안 될 것 중 하나가 자신을 더욱 발전시킬 수 있는 기회를 만들어주는 인맥이다. 직장에서 쌓은 인맥은 덤으로 주어지는 보너스가 아니다. 나의 미래를 가치 있게 만드는 중요한 자산이다.

  나는 처음 직장생활을 시작할 때 모셨던 두 분의 상사로 인해 많은 변화를 겪었다. 그들은 내 인생에 적지 않은 영향을 미쳤다. 오랜 시간을 함께했던 상사들보다 그들, 박 과장과 박 부장에 대한 기억이 더 오래 남아 있는 것도 그 때문이다.

▧ 독특한 리더십을 지닌 박 과장

지옥 같았던 3분

  며칠 동안 계속 야근하다 조금 일찍 퇴근하려고 책상을 정리하고 있을 때였다. 갑자기 전화벨이 울렸다.

  받을까 말까?

  나는 잠시 망설였다. 뭔가 느낌이 좋지 않았다. 하지만 텅 빈 사무실에 울려 퍼지는 전화벨 소리를 계속 듣고만 있을 수는 없었다. 수

화기를 들었다.

"이봐, 당신! 정말 일을 이 따위로 할 거야?"

상대방은 전화를 받은 사람이 누구인지 확인도 하지 않고 막말을 해댔다. 박 과장이었다.

"당신, 회사에 뭐하러 나와? 놀러 나오나? 이런 씨~ 팔!"

나는 직감적으로 뭔가 일이 크게 잘못되었다는 것을 알았다.

박 과장은 평소에는 깍듯하게 경어를 쓰면서 조용조용히 이야기를 했었다. 그런 사람이 막말을 해댈 정도라면…. 더욱 긴장이 된 나는 얼음 동상처럼 수화기를 들고 부동자세로 선 채 아무 대답도 하지 못했다.

실제로 통화한 시간은 3분 정도였지만 나에게는 하루처럼 길게만 느껴졌다. 칼날처럼 예리하고 해머처럼 강한 박 과장의 질타가 수화기에서 계속 튀어나왔기 때문이었다. 나는 숨소리조차 크게 내지 못했다. 회사가 얼마나 무서운 곳인지 절감하는 순간이었다.

지옥 같은 3분, 드디어 통화가 끝났다. 저녁 9시의 사무실은 갑자기 사막처럼 조용해졌다. 의자에 쓰러지듯 주저앉아 내가 무엇을 잘못했는지, 왜 이렇게 심한 욕을 얻어먹어야 하는지 생각하려 애썼다. 하지만 아무 생각도 떠오르지 않았다. 내 머릿속은 이미 하얀 백지 상태가 되어 있었던 것이다.

나는 책상 서랍에 넣어두었던 방진 마스크와 방진 크린 노트반도체 크린룸 생산라인에서 사용하는 먼지가 나지 않는 노트를 꺼내 들고 다시 생산라인을 향해 걸어갔다.

　잠시 후 생산부서에 도착한 나는 채 5분도 지나지 않아 알 수 있었다. 박 과장이 화를 내고 있는 이유가 사장님이 특별히 관심을 기울이고 있는 개발 제품의 시제품 진행 상황이 늦어지고 있기 때문이라는 것을. 박 과장은 생산부서 담당 과장 책상 앞에서 기술을 담당하고 있는 엔지니어인 나에게 보란 듯이 욕을 해댔던 것이다. 다분히 생산부서 사람들을 의식한 행동이었다.

　나는 새하얀 방진복을 입고 방진모를 쓰고 마스크로 얼굴을 가렸다. 특수 천으로 된 장갑과 2중 비닐장갑을 꼈다. 그렇게 완전 무장을 한 후 에어 샤워를 하고 반도체 생산라인에 들어갔다. 시간은 이미 밤 10시가 넘어 라인 입구에서는 오후 근무조와 밤 근무조가 교대를 하고 있었다.

　나는 개발 제품이 진행 중인 곳을 찾아 들어갔다. 하나의 반도체 제품을 완성하기 위해서는 복잡한 과정을 거쳐야 한다. 마치 카메라로 사진을 찍듯이 진행되는 사진 공정, 화학약품으로 동판을 깎아내는 것과 비슷한 에칭 공정, 1,000℃가 넘는 뜨거운 불가마에 도자기를 굽듯이 진행되는 확산 공정, 자동 재봉틀로 바느질을 하듯 숨 가쁘게 선을 이어주는 본딩 공정 등 수많은 공정을 거쳐야 하는 것이다.

　나는 곧바로 제품을 찾을 수 없었다. 왜냐하면 공정을 진행하려고 이미 설비 속에 넣어두었기 때문이었다. 지난 사흘 동안 라인 담당 반장과 오퍼레이터 여사원에게 그렇게 부탁해도 꿈쩍도 하지 않던 제품이 움직이고 있었다. 박 과장의 욕이 대단한 위력을 발휘한 것이다. 그제야 강하게 밀려왔던 서러움과 분노가 썰물처럼 빠져나갔다.

그날도 나는 밤 12시를 넘기고 나서야 겨우 퇴근할 수 있었다.

다음 날 아침 미팅 시간. 나는 잔뜩 긴장한 채 박 과장의 눈치만 살폈다.

"앉은 순서대로 어제 업무 진행 상황에 대해 보고하세요."

박 과장이 사원들을 둘러보며 입을 열었다.

나는 회사가 세계 최강의 반도체 기업인 미국의 인텔과 손잡고 진행하는 특별 프로젝트를 수행하기 위해 구성한 신생 조직의 일원이었다. 팀원은 입사한 지 이제 겨우 1년이 지난 나를 포함해 사원 3명, 주임 1명, 대리 2명, 담당 과장 1명 등 총 7명이었다. 우리는 비밀 유지를 위해 건물 2층 구석진 곳에 있는 조그만 사무실에서 근무했는데 아침에 출근하면 모여서 과장 주재하에 미팅을 하는 것으로 하루 일과를 시작했다.

업무 보고는 고참 대리부터 직급 순으로 했다. 기술부서와 생산부서의 일은 밀접한 관련이 있었다. 시제품을 보다 빨리 만들어내기 위해서는 생산부서의 도움이 절대적으로 필요한 것이다. 계획보다 일정이 늦어지는 상황이 발생하면 최소한 한 명은 오징어처럼 질근질근 씹힌 후에야 미팅이 끝나곤 했다.

나는 오늘의 오징어는 당연히 내가 될 줄 알았다. 하지만 웬일인지 과장은 어제 저녁의 일에 대해선 한 마디도 하지 않았다.
"휴~."
미팅을 마치자 안도의 한숨이 저절로 새어 나왔다.

월화수목금금금

내가 출근해서 인사를 하면 박 과장은 늘 앉은 자세로 인사를 받았다. 퇴근 준비를 마치고 인사할 때도 마찬가지였다. 그는 항상 움직임 없이 인사를 받았다.

솔직히 나는 가장 먼저 출근하고, 가장 늦게 퇴근하는 박 과장을 이해하기 어려웠다. 그에게는 토요일도 일요일도 없었다. 월화수목금금금이었다. 지독한 관리자, 쉬지 않고 오직 일만 하는 철제 인간이라는 생각밖에 들지 않았다. 그는 정말 가족도 없고 친척도 없는 사람 같았다.

박 과장은 요령을 피지 않았다. 작은 틈도 보이질 않았다. 미심쩍은 것이 있으면 끝까지 파고들어 담당자를 혼쭐내는 경우가 비일비재했다. 팀원들은 박 과장에게 책잡히지 않으려고 부단히 노력했지만 그의 예리한 시선에서 벗어날 수 없었다. 내가 정확하게 해낸 계산도 그에게 넘어가면 전혀 다른 숫자로 변하는 것 같았다.

박 과장에게는 부하 사원들의 실수를 잡아내는 내비게이션 룰이 있는 것 같았다. 보고서에서 오자를 잡아내는 것은 명인 수준이었고, 계산에 사용된 함수나 수치의 잘못을 찾아내는 것은 피타고라스 이상이었다.

박 과장은 또한 정연한 논리를 갖춘 독설가이기도 했다. 그가 아무리 심한 말을 해도 팀원들은 좀처럼 토를 달지 못했다. 논리적으로 맞는 내용이었기 때문이었다. 박 과장과 경력이 2~3년 정도밖에 차이 나지 않는 고참 대리도 그가 말할 때는 묵묵부답이었다.

박 과장은 상사들이 좋아하는 철두철미한 직장인이었다. 부장이나 임원들은 그를 신임했다. 아랫사람은 물론 윗사람들에게도 그는 빈틈을 보이지 않았다.

하지만 박 과장도 몸에 피가 흐르는 인간이었다.

어느 여름날이었다. 점심시간이 되자마자 박 과장이 나를 밖으로 불러냈다. 나는 서둘러 그를 따라갔다.

"타세요."

주차장으로 걸어간 박 과장은 자신의 차 문을 열고 나에게 말했다. 나는 무슨 일이 있는지 물어보고 싶었지만 일단 조수석에 올랐다. 박 과장은 내가 자리에 앉자 안전벨트를 매고 급히 출발을 했다.

"아파트 구경이나 갑시다."

운전을 하면서 그는 말했다.

'아파트? 갑자기 웬 아파트?'

나는 뜬금없는 박 과장의 말에 고개를 갸우뚱했다.

우리가 30분 정도 걸려 도착한 곳은 인천의 한 모델하우스였다. 당시 신혼이었던 나는 회사 근처에 전셋집을 얻어서 살고 있었다. 물론 나도 언젠가는 집을 사야겠다는 생각을 하고 있었다. 하지만 그것은 먼 훗날의 일로만 여겨졌었다. 그러나 박 과장을 따라 모델 하우스를 구경하면서 내 마음이 조금씩 바뀌는 것을 느낄 수 있었다.

박 과장은 나를 데리고 다니며 이것저것 친절하게 설명을 해주었다. 내가 알고 있던 박 과장과는 전혀 다른 모습이었다.

"최 주임도 빨리 집장만을 해야지요?"

'백문이 불여일견'이라는 말은 참으로 진리였다. 나는 여러 평수 중에서도 특히 21평형이 너무나 마음에 들었다. 박 과장은 31평형에 필이 꽂힌 듯했다. 우리는 시간이 없어서 햄버거로 간단하게 식사를 하고 회사로 돌아왔다.

그로부터 2년 후. 나는 그 아파트 21평형을 샀고, 박 과장은 31평형을 샀다. 그리고 같은 달에 함께 이사를 했는데 그때부터 아파트 값이 하늘 높은 줄 모르고 치솟기 시작했다. 박 과장은 전자공학을 전공한 풋내기 직장인인 나에게 재테크란 무엇인지를 알게 해준 최초의 상사였다.

아이는 잘 크나요?

토요일, 일을 마치고 일어서는 나에게 박 과장이 물었다.

"스프레드시트 작성할 줄 아세요?"

"아뇨, 할 줄 모릅니다."

나는 솔직하게 털어놓았다.

"그럼 일요일 오전에 가르쳐드릴 테니 출근하세요."

뜻밖의 말이었다.

"네, 감사합니다."

나는 바로 대답을 했다. 어차피 한 달에 두세 번은 일요일에도 출근을 했었는데 잘됐다 싶었던 것이다.

나는 80년대 초에 대학에서 코볼과 포트란을 배웠다. 그러나 8비트 애플 컴퓨터로 계산을 하는 스프레드시트는 박 과장에게 처음 배웠다. 스프레드시트는 로터스시트로, 엑셀시트로 발전해 나갔다. 그러니 족보를 따지자면 엑셀의 할아버지쯤 되는 셈이다.

나는 당시로서는 최신식 자동 수치계산법인 시트스프레드를 그에게 배웠다는 것이 자랑스러웠다.

박 과장은 일요일에 출근한 나를 옆자리에 앉혀놓고 오전 내내 나를 가르쳤다. 끙끙거리며 여러 가지 계산 시트를 만들고, 그래프를 그려 보여주면서 자세히 알려주었다. 깐깐하고 치밀한 박 과장이었다. 숙제를 내주고 결과만 체크한다 해도 고개 숙여 고마워해야 할 일이었다. 그런데 이처럼 친절하게 가르쳐주다니. 나는 박 과장의 자상한 배려에 존경심마저 갖게 되었다. 감사했다.

스프레드시트뿐만이 아니었다. 나는 박 과장으로부터 많은 것을 배웠다. 박 과장은 반도체 칩을 측정하는 검사 장비 사용법부터 반도체 생산라인에서 사용되고 있는 각종 측정 장비 사용법까지 직접 가르쳐주었다. 생산라인의 어느 여사원에게 부탁해야 일을 빨리 진행할 수 있다는 유익한 노하우를 포함해서 말이다.

그날 저녁, 박 과장이 부인과 함께 우리 집을 찾아왔다. 나는 솔직히 조금 당황스러웠다. 아내도 마찬가지인 듯했다. 같은 아파트 단지에 살고 있기는 했지만 특별한 날도 아닌데 회사 상사가 차 한 잔 달라고 갑자기 부하 직원의 집을 방문한다는 것은 당시로서는 의외였던 것이다.

문을 열었다. 아침 미팅 때마다 직원들을 쥐 잡듯 하는 박 과장이 미소를 지으며 들어왔다. 그 모습을 보자 순간적으로 많은 생각이 떠올랐다.

아내는 박 과장 부부를 거실로 안내하고 차를 내왔다. 우리는 한 시간 정도 차를 마시면서 이야기를 했다. 우리 부부와 박 과장 부부가 함께한 시간은 짧았지만 그에 대한 기억은 오래 남았다.

당시 나는 아이 돌잔치나 집들이를 하는 것도 아닌데 부하 직원의 집을 방문해 차를 마시며 이야기한다는 것이 얼마나 어려운 일인지 몰랐었다. 사실 그것은 누군가의 상사가 돼야 알 수 있는 일이다.

그 후 박 과장은 사석에서 나에게 물어보곤 했다.

"아이는 잘 크나요? 이제 유치원 들어갈 때가 됐지요?"

박 과장과 함께했던 2년이라는 길지 않은 시간이 기억 속에 오래 남아 있는 이유는 그의 모든 행동이 내 눈에는 미워 보이지 않았기 때문이다. 박 과장 덕분에 나는 일을 완벽하게 마무리하는 방법을 익힐 수 있었고, 그때 기초를 단단히 다졌기 때문에 18년간을 더 근무할 수 있었다고 생각한다. 박 과장은 지금 S전자의 부사장으로 근무를 하고 있다. 하지만 그는 나에게 있어 영원한 과장님이다.

칭찬의 대가, 박 부장

기술부서에서 인사부서로

나는 승용차를 사기 전까지 회사 통근버스를 타고 출근을 했었다. 가볍게 흔들리는 버스는 너무나 편안했다. 덕분에 회사 주차장에 도착할 때까지 짧게나마 부족한 아침잠을 보충할 수 있었다.

사람들이 부스럭거리는 소리에 눈을 뜨면 붉은색 건물이 먼저 보인다. 아쉽지만 내릴 시간이 된 것이다. 기지개를 켜고 일어서서 사람들의 뒤를 따라 내린다. 버스에서 내린 직원들은 물결이 갈라지듯 왼쪽과 오른쪽으로 나뉘어 걸어간다. 왼쪽 관리동으로는 관리부서 직원들이 들어가고, 오른쪽 공장으로는 엔지니어들과 오퍼레이터 여사원들이 들어가는 것이다. 따라서 엔지니어인 내가 걸어가는 방향은 당연히 오른쪽이었다.

입사한 지 7년이 지나 대리 3년차가 되던 해 봄. 습관처럼 오른쪽으로 걸어가던 나는 문득 왼쪽으로 들어가는 관리부서 직원들을 쳐다보았다. 그때 이런 생각이 떠올랐다.

'내가 혹시 저쪽에 가서 근무한다면 어떨까?'

내 머릿속에서는 어느새 직원들의 교육 과정을 진행하는 연수과 대리의 얼굴이 내 얼굴로 바뀌어 있었다. 물론 전자공학을 전공한 내가 교육부서에 배치되어 연수 담당자가 된다는 것은 불가능에 가까운 일이었다. 그러나 기회가 주어진다면 못할 것도 없다는 생각이었다. 아니 누구보다 잘할 수 있을 것 같다는 무모한(?) 자신감이 고개를 치켜들었다.

그날 이후 나는 교육부서의 일이 어쩌면 내 적성에 더 잘 맞을지도 모른다는 생각을 했었다. 하지만 그런 생각을 하는 것은 나뿐만이 아닌 듯했다.

그 해 여름이었다. 어느 날 기술제조부 박 부장이 나를 불렀다.

"최 대리, 혹시 인사 쪽에 가서 연수 일을 해볼 생각 없어요?"

그는 나를 보자마자 물었다. 아무런 설명도 없었다. 가슴이 두근거렸다.

"지금 바로 대답을 드려야 합니까? 조금 더 생각해 본 후에 말씀드리면 안 될까요?"

나는 슬그머니 말을 돌렸다. 질문을 받은 그 순간 마음속으로는 이미 '간다!' 는 결정을 내렸지만 기다렸다는 듯 "가겠다."고 대답하는 것은 그동안 함께 일해 온 박 부장에 대한 예의가 아니라고 생각했던 것이다.

그로부터 한 달 후 나는 부서를 옮기게 되었다. 박 부장은 나중에 나에게 설명했다.

"사장단 회의에서 기술과 현장 경험이 있는 사람이 엔지니어 연수나 교육 과정을 진행하는 것이 훨씬 더 효과가 있을 거라는 결정이 내려졌어요. 최 대리를 추천한 사람은 나고. 연수 쪽 업무가 최 대리와 잘 맞을 것 같았거든. 가서 정 못 있겠으면 언제든지 말해요. 2년 후에는 다시 부를 테니 그때 되돌아와도 좋고."

사실 연수 쪽 일을 하고 싶었지만 갈등이 없었던 것은 아니었다. 7년 이상을 엔지니어로 근무했던 나였다. 경력을 어떤 식으로 만들어 나가겠다는 계획을 가지고 있었던 것도 아니었다. 교육부서로 옮기는 것은 큰 모험일 수 있었다. 그러나 나는 부장의 판단을 따르기로 마음먹었다.

나를 믿고 시키는 일 아닌가. 더군다나 내가 원하는 일이다. 기회라고 생각하자.

결과적으로 박 부장의 판단은 옳았다. 100여 명의 엔지니어를 이끌어 나가는 기술부장의 힘은 대단했다. 그에 의해 경력이 바뀐 엔지니어가 나 혼자만은 아니었다.

기름에 뜬 물

인사부서 교육담당으로 자리를 옮긴 나는 다시 신입사원이 된 기분이었다. 새로운 업무를 무리 없이 처리하는 것은 결코 쉽지 않은 일이었다. 그동안 해왔던 업무와는 다른 점이 많았기 때문이었다.

엔지니어는 다른 사람들에게 간섭받는 것을 별로 좋아하지 않는다. 상대적으로 혼자 하는 일이 많아서다. 예를 들어 현미경을 봐도 혼자서 보고, 반도체 칩을 분석할 때도 혼자서 한다. 다른 사람의 도움이 크게 필요 없는 것이다. 때문에 엔지니어로 오래 근무하다 보면 사람을 보는 시야가 좁아지고, 사람들과 원활하게 소통하지 못하고 있다는 느낌까지 받게 된다. 하지만 그것을 엔지니어의 우월한 특성이라고 여기게 된다.

또한 엔지니어는 대부분 말 못 하는 물건을 상대로 일을 하는 반면 인사부서, 특히 교육 담당자는 말 많은 사람을 상대로 일을 한다. 따라서 혼자 묵묵하게 자기 일만 해서는 환영받지 못한다. 나는 그 같은 사실을 한참 후에야 알았다.

결국 교육부서로 옮긴 지 1년 정도 지났을 때 담당 과장과 트러블이 생기고 말았다. 평소에도 그는 나를 은근히 무시했었다. 어디서 고집불통 엔지니어가 한 명 굴러들어와 일을 방해한다고 생각하는 것 같았다. 중요한 업무는 사원들에게 맡기고 대리인 나에게는 그보다 훨씬 못한 업무를 주곤 했다.

나는 몇 번은 꾹 참고 업무를 처리했다. 본의 아니게 기름에 뜬 물이 된 듯한 느낌을 받았지만 새로운 업무를 배울 때는 당연히 겪어야 할 과정이라고 여겼던 것이다. 그러나 나를 대하는 담당 과장의 태도는 갈수록 거칠어져만 갔다.

그러던 어느 날이었다. 담당 과장이 나에게 물었다.
"최 대리, 지난 월요일에 지시한 건은 어떻게 된 거죠? 왜 중간보고를 하지 않나요?"
담당 과장은 지난 월요일 오후에도 나에게 엉뚱한 업무지시를 했다. 본사에서 진행하는 업무보고 회의에 나더러 참석하라는 것이었다. 담당자가 분명히 정해져 있었는데도 말이다.
"과장님, 아무리 생각해 봐도 제가 참석할 일은 아닌 것 같아 담당자를 보냈습니다."
나는 잠시 망설이다 대답했다. 담당 과장은 한동안 말없이 나를 바라보더니 갑자기 얼굴색을 바꾸면서 소리쳤다.
"뭐야? 반항하는 거야, 지금! 그딴 식으로 해서 나랑 같이 근무할 수 있을 것 같아!"
그러면서 나에게 욕을 해댔다. 이번에는 나도 가만히 앉아서 당할 수만은 없다는 생각이 들었다. 그동안 꾹 참고 지내왔지만 이번만은 아닌 것 같았다.
"당신 지금 뭐라고 했어?"
나도 벌컥 소리를 질렀다.

사실 나나 담당 과장이나 회사 내에서 해서는 안 되는 일을 한 것이었다. 더군다나 인사부서가 아닌가. 주먹이 오고 간 것은 아니었지만 우리는 한참 동안 서로에게 막말을 퍼부어댔다. 막말을 할수록 기분은 점점 더 나빠졌다.

보다 못한 동료와 후배 사원 몇 명이 나를 끌다시피 해서 사무실 밖으로 데리고 나왔다. 그러나 격앙된 감정은 좀처럼 가라앉지 않았다. 따지고 보면 별것 아닌 일인지도 몰랐다. 하지만 그 일이 커진 데에는 분명한 이유가 있었다. 나는 그동안 과장에 대한 불만을 가슴 가득 쌓아놓고 폭발시킬 기회만 노리고 있었던 것이 틀림없었다.

그날 오후 박 부장이 나를 불렀다. 나와 담당 과장이 다툰 이야기를 들었다고 했다. 나는 교육부서로 자리를 옮긴 후에는 좀처럼 박 부장을 만날 수 없었다. 하지만 그는 늘 나를 바라보고 있었던 듯했다.

박 부장은 나를 탓하지 않았다.

"엔지니어로 근무하던 사람이 갑자기 교육업무를 한다는 것이 어찌 쉬운 일이겠습니까? 당연히 어렵지요. 하지만 나는 최 대리가 잘 해내리라고 믿습니다. 연수과장과 서로 화해할 수 있는 자리를 만들 테니 남자답게 푸세요. 최 대리가 유능한 연수 담당자가 되어 열심히 일하는 모습을 보고 싶습니다."

순간 나는 내 자신이 부끄러워졌다. 여차하면 기술부서로 돌아갈 생각을 하고 있었던 것이다. 더 이상 인사부서 사람들의 텃세에 눌려 지내고 싶지 않았기 때문이었다.

하지만 그것은 비겁한 행동이었다. 지금 포기한다는 것은 엔지니어로서의 자존심도 내던져버리는 것이었다.

왜 내가 도망쳐야 하는가? 이 정도의 어려움쯤은 충분히 예상하고 대책을 마련했어야 하지 않는가?

나는 포기하기엔 너무 이르다고 생각했다.

며칠 후 박 부장이 회의실로 불렀다. 가보니 박 부장뿐만 아니라 담당 과장도 와 있었다. 나는 곧바로 눈치를 채고 먼저 담당 과장에게 사과를 했다. 담당 과장도 자신이 너무 심한 말을 한 것 같다며 며칠 전에 있었던 일은 서로 잊어버리자고 했다. 내가 담당 과장과 쉽게 화해할 수 있었던 것은 모두 박 부장의 배려 덕분이었다.

당시 나는 과장 승진을 앞두고 있었다. 하지만 박 부장이 나를 도와주지 않았다면 욱하는 마음에 앞뒤 가리지 않고 회사에 사표를 냈을지도 모른다.

니 그간 뭐했노?

그 일이 있은 지 몇 달이 지났다. 나는 과장이 되었고, 2년간의 노력 끝에 사원들, 특히 엔지니어를 위한 연수 커리큘럼을 근사하게 만들어냈다. 사내 직업훈련은 물론 저녁에 직원들을 대상으로 하는 사내 기술대학도 무리 없이 진행해 나갔다. 짧은 기간이었지만 부서 사람들과 힘을 합쳐 직원들에게 도움을 줄 수 있는 교육 과정을 여러

개 만들었고, 운영하기 시작했다.

그 무렵 박 부장이 나를 불러 물었다.

"최 과장이 인사부서로 옮겨간 지도 벌써 2년이 지났네. 다시 기술부서로 돌아올 생각이 있나요? 돌아온다면 지금이 좋을 것 같아. 그쪽에 너무 오래 있으면 엔지니어로서의 감각도 떨어질 테고."

"부장님 말씀은 잘 알겠습니다만 저에게 생각할 생각을 좀 주십시오."

나는 어렵게 입을 열었다.

"좋아요. 당장 결정하는 것도 무리지."

박 부장은 흔쾌히 내 말을 받아들였다.

나는 꼬박 일주일을 고민한 끝에 박 부장을 찾아가 말했다.

"교육부서에 좀 더 있을까 합니다. 박 부장님도 아시다시피 처음에는 담당 과장이나 사원들과 트러블도 있었습니다. 하지만 교육 업무가 제 적성에 잘 맞는 것 같습니다."

"그래요? 알았습니다."

박 부장은 웃으면서 말했다.

"최 과장은 엔지니어로서도 최고의 위치에 오를 수 있는 사람입니다. 그러나 교육 쪽 일을 좋아하고, 또 적성에 잘 맞는다니 어쩔 수 없군요. 그쪽도 가능성이 충분하니 지금까지 해왔던 것처럼 열심히 해보세요. 자신이 원하는 일을 해야 즐겁고 질리지 않지요. 평범한 일을 열심히 하는 것보다는 좋아하는 일을 열심히 하는 것이 훨씬 더

낫습니다."

얼마 후 박 부장은 사내 사원들의 자치 단체인 신우회 회장으로 선출되었다. 신우회는 회사에서 인정한 공식 단체로 회장직은 2,000명이 넘는 사원의 복지와 복리를 위해 사원들의 대변인 역할을 해야 하는 중요한 자리였다.

박 부장은 취임식을 앞두고 슬쩍 나에게 취임사 이야기를 흘렸다. 박 부장에게 도움을 줄 수 있는 기회가 온 것이었다. 나는 즐거운 마음으로 취임사를 써서 박 부장에게 드렸다.

박 부장은 순조롭게 취임식을 마치고 나를 불렀다.

"최 과장, 고맙데이. 취임사 말이다."

박 부장은 그때 처음으로 나에게 반말을 했다. 구수한 사투리를 섞어가며. 기분 나쁘다는 생각은 들지 않았다. 박 부장과 좀 더 친밀해진 것 같아 오히려 기분이 좋았다.

박 부장은 그야말로 칭찬의 대가였다. 내가 받은 여러 가지 도움에 비하면 정말 아무 일도 아닌데도 퇴직할 때까지 두고두고 나에게 취임사를 써줘서 고맙다고 말했다.

그 후 상무로 승진한 박 부장은 공장장을 마지막으로 회사를 나왔고, 곧바로 창업을 해서 현재는 모 기업의 사장으로 일하고 있다.

나는 2년 전 삼성동 코엑스에서 열린 반도체 장비 전시회에 갔다가 우연히 박 부장을 만났다. 전시회장을 둘러보고 있는데 저쪽에서 반가운 얼굴이 소리쳤다.

"야! 최 부장!"

세월이 많이 흘렀지만 그분은 나를 여전히 '최 부장'이라고 불렀다. 내가 부장일 때 퇴직을 하셨기 때문이다. 하지만 그렇다고 나도 박 부장을 '공장장님'이라고 부를 수는 없었다. 어쨌든 지금은 한 회사를 대표하는 사장님이니까.

"아, 네, 사장님. 정말 반갑습니다."

나는 박 부장이 내민 손을 맞잡았다. 박 부장의 손은 여전히 따뜻했다.

오랜 시간의 공백은 몇 초도 안 돼 사라지고 우리는 다시 옛날로 돌아갔다.

"니 그간 뭐했노?"

박 부장이 물었다.

나는 그간 핵심기술인력 채용 업무를 주로 했다. 해외에 있는 핵심기술인력을 끌어오기 위해 출장도 여러 번 갔다. 그러다 미국 지역전문가 교육과정에 선정되어 1년 동안 파견 교육을 받았다.

나는 그동안 내게 있었던 일들을 들려주며 내가 기술 엔지니어에서 인사 채용 전문가로 변신할 수 있었던 것은 모두 박 부장님 덕분이라고 감사의 말을 전했다.

▩ 선맥, 악맥, 그리고 쑥맥

회사원들은 가족보다도 더 오랜 시간을 직장 동료나 선후배와 함께 보낸다. 그들과의 관계는 어떤 인연으로 남을까? 물론 선한 인연, 즉 선맥으로 남는다면 그보다 더 좋은 일은 없을 것이다. 그러나 악한 인연, 즉 악맥으로 남을 수도 있고 이도저도 아닌, 그야말로 쑥맥으로 남는 경우도 있을 것이다.

대부분의 사람들이 같은 직장에 근무할 때는 옆에 있는 동료들이 피를 나눈 형제보다 더 가깝다는 생각을 한다. 그러나 회사를 그만두고 나서도 전 직장 동료와 친하게 지내는 사람은 그리 많지 않다. 직장 내에서 누군가에게 심하게 당하면 그 충격은 실로 오래간다. 한번 관계에 금이 가면 선한 인맥을 유지하기가 매우 어려워 결국에는 악맥으로 남게 되는 경우가 많다.

또한 부하 직원은 직장생활을 원만하게 해나가기 위해 웃는 얼굴로 상사를 대하고, 군소리 없이 그의 지시에 따르기 마련이다. 이런 관계를 넘어서지 못하면, 서로에게 도움을 주거나 받지 못하고 인간적인 정조차 나누지 못한다면, 직장 상사와 나와의 인연은 한솥밥을 먹을 때도 퇴직한 이후에도 그저 아는 사람 수준인 쑥맥에 머물 뿐이다.

선맥, 악맥, 쑥맥 중에서 가장 피해야 할 것은 악맥이다. 악맥이라고 생각된다면 최소한 쑥맥으로는 만들어놓아야 한다. 그래야 뒤탈이 없다. 물론 퇴직하고 나서 악맥의 사람들을 만나지 않고 살면 그만이라고 생각할 수도 있다. 그러나 먼 나라로 이민을 가지 않는 한 평생 보지 않고 살 수는 없다. 같은 분야에서 일을 했기 때문에 비즈니스의 경쟁상대로 만날 확률도 크다.

분야를 바꿨다고 해도 언젠가는 만나게 된다. 길을 가다가도 만날 수 있고, 지하철 안에서도 마주칠 수 있고, 즐거워야 할 연회장에서도 만날 수 있다. 어떤 식으로든 한 번 인연을 맺은 사람은 쉽게 떨쳐버릴 수 없다. 마치 그와 나 사이에 만유인력이 존재하는 것처럼 말이다. 그러니 최소한 쑥맥 수준은 유지해야 한다.

쑥맥의 관계라면 어떻게 해서든 선맥으로 변화시켜야 한다. 직장에서 맺은 인맥이 쑥맥으로 끝나는 경우가 많은 이유는 상대방을 '내가 선택한 사람이 아니라 직장에 다니기 위해서는 어쩔 수 없이 만나야 하는 사람'이라고 생각하기 때문이다.

직장 동료나 선후배에게 안 좋은 점이 있어도 지적하는 사람은 많지 않다. 화가 나도 참는다. 자신의 감정을 솔직하게 드러내면 관계가 불편해지기 때문이다. 다시 말하면 '평생 함께할 사이도 아닌데 문제를 일으킬 필요가 있는가. 대충 잘 지내는 것이 최상이다.'는 경험에서 얻은 일종의 원칙을 굳건하게 지키는 것이다.

하지만 상대와 함께한 시간이 아깝다고 느껴진다면, 나의 미래를 생각한다면, 의식부터 바꿔야 한다. '저 미운 상사가 어쩌면 내가 꿈꾸는 미래로 나아갈 수 있는 중요한 징검다리가 되어줄 수도 있다.'고. 이것이 쑥맥을 선맥으로 변화시키는 첫걸음이 될 것이다. 물론 생각만 바꿔서는 아무것도 이룰 수 없다. 그에 따르는 부단한 노력이 필요하다. 그러면 많은 직장 동료와 상사들을 나의 편으로 만들 수 있을 것이다.

나는 신입사원 시절 치밀한 박 과장을 만나 그에게 엔지니어로서의 자세와 일하는 방법을 배웠다. 덕분에 나 역시 모든 일을 처음부터 끝까지 치밀하게 해나갈 수 있게 되었다.

박 과장에게는 사람을 따르게 만드는 독특한 리더십이 있었다. 물론 박 과장 밑에서 일할 때는 그가 죽도록 미웠던 적도 있었다. 그의 행동이 이해되지 않을 때도 많았고, 너무나 얄미워서 한 대 패주고 싶을 때도 있었다. 하지만 그것이 그의 리더십이었다.

처음에는 박 과장과의 관계가 악맥이 되는 줄 알았다. 그가 무서웠고, 그의 스타일이 싫었다. 그러나 함께 일하면서 나는 점차 박 과장을 이해하게 되었다. 그는 무엇보다도 일 하나만큼은 똑 부러지게 처리했다. 한 치의 흔들림 없이 밀고 나가는 추진력도 본받을 만한 점이었다. 또한 인간적으로 가까워지면서 나는 박 과장을 롤 모델로 삼게 되었다. 그의 업무 스타일은 어느새 내 안에 스며들어와 내 스타일이 되었고, 그와는 인연은 선맥이 되었다.

그 후 만난 박 부장도 나에게는 소중한 분이다. 내 인생은 박 부장으로 인해 90도 이상 바뀌었다. 그가 아니었으면 나는 다른 엔지니어와 비슷한 길을 걸었을 것이다. 기술대리, 기술과장, 기술부장 순으로 올라가다 재수가 좋으면 임원까지 해보고 퇴직했을 것이다. 하지만 박 부장 덕분에 나는 엔지니어에서 연수팀 대리가 되었고, 그 후 연수과장, 인사과장, 기술부장을 거쳐 퇴직한 후에는 경력개발 컨설팅 전문가로 일하고 있다.

나는 박 부장과의 인연도 악맥인 줄 알았다. 인사부서 사람들과 어울리지 못하고 겉돌 때, 박 부장이 나를 밀어냈다고 생각했던 것이다. 그러나 어려움을 딛고 일어서자 어떤 일이 주어져도 충분히 해낼 수 있다는 자신감이 생겼다.

나는 깨달았다. 지금 걸어가는 길이 자갈밭이라고 해도 꿈과 목표를 위해서는 순간순간 느껴지는 고통쯤은 참아내야 한다는 것을. 아니 부드러운 흙길로 여기고 씩씩하게 걸어가야 원하는 목표점에 다다를 수 있다는 것을.

그때가 바로 긍정적인 나를 만들어가는 출발점이었다고 할 수 있다. 결국 박 부장과의 인연은 선맥으로 남았다.

인맥은 내가 어떻게 하느냐에 따라 선맥이 될 수도, 악맥이 될 수도, 쑥맥이 될 수도 있다. 모든 것은 바로 나 자신에게 달려 있는 것이다.

어떤 사람이든 한 가지 장점은 있는 법이다. 리더십이 뛰어난 사람도 있고, 배려를 잘하는 사람도 있고, 세상을 보는 눈이 깊고 넓은 사람도 있다.

그 장점이 상대와 나를 연결시켜주는 끈끈한 접착제라고 생각하라. 그때부터 당신의 인맥은 달라질 것이다.

내 마음의
보석상자

이은정

|||||

내 마음에는 아주 아름다운 보석상자들이 있다. 그 보석상자 하나, 하나에는 진귀한 보물들인 내 사람들이 있다. 힘들고 아픈 날에는 위로가 되어주고, 달콤한 날에는 그 기쁨을 더욱 찬란하게 빛내주는 보석들이 말이다.

|||||

■ 보석상자 하나

나를 독일로 이끈 이미주 교수님

 피아니스트 이미주 교수님을 처음 뵌 건 중학교 3학년 때였다. 연주를 위해 내한한 교수님을 은사인 조숙현 교수님이 소개시켜 주신 것이다. 당시 교수님은 30대 초반의 나이에 한국 피아니스트로서는 최초로 세계 3대 콩쿠르 중 하나인 퀸엘리자베스에서 입상하여 한국 음악계에 센세이션을 일으켰었다. 나로서는 교수님 앞에서 연주하고 가르침을 받을 수 있다는 것 자체가 영광이었다. 교수님과 만난 이후 유학을 떠나고 싶은 열망은 더욱 강해졌다.

 사실 나는 그전부터 유학을 꿈꾸었다. 영화 「뮤직 박스MUSIC BOX」를 보고 부다페스트의 아름다움에 반했고, 헝가리 출신 피아니스트 졸탄 코치슈의 연주를 좋아해 헝가리로 유학을 떠나는 상상을 하곤 했었다. 보스턴과 뉴욕에서 열린 음악캠프와 어학연수에 두 달 동안 참가한 뒤에는 그 자유로운 분위기가 마음에 들어 미국생활을 그려보기도 했었다.

하지만 결정을 내리지 못하고 지내다 3년 후, 다시 교수님을 만났다. 내 연주를 들으신 교수님은 많이 좋아졌다고 칭찬하시며 함께 독일에서 공부해 보지 않겠느냐는 제안을 하셨다. 바흐와 베토벤과 쇼팽에 푹 빠져 지내던 나는 당장이라도 유학을 떠나고 싶었지만 부모님의 반대에 부딪쳤다. 부모님 눈에 비친 나는 아직 어린아이에 불과했던 것이다. 부모님은 대학에 들어간 후에 생각해 보자고 하셨다.

나는 학력고사 마지막 세대였다. 실기 우수자로 대학에 입학한다는 것은 생각할 수도 없었다. 실기보다는 시험공부가 더 중요했다. 따라서 연주 연습을 하루에 4시간 이상 할 수 없었던 나는 대학에 들어가면 하루 종일 연습만 하겠다고 마음먹었다. 그러나 웬걸, 대학에 입학하자마자 새로운 재미-연극과 문학-에 빠져버렸고 동아리활동에 열을 올리느라 연습을 소홀히 하게 되었다.

그렇게 2년여가 흐른 늦가을의 어느 날, 이미주 교수님이 2년 만에 내한하셨다는 소식을 들었다. 나는 반가운 마음에 즉시 교수님을 찾아갔다. 교수님도 반가워하며 내게 연주를 해보라고 하셨다. 썩 내키지 않았지만 오랜만에 뵙는 교수님의 청을 거절할 수 없어 피아노 앞으로 다가갔다. 간신히 연주를 끝낸 나는 얼굴이 화끈거려 견딜 수가 없었다. 교수님은 아무 말씀도 하지 않으셨지만 내 자신이 너무 부끄러웠다. 지난 2년 동안 발전은커녕 제자리걸음, 아니 뒷걸음질만 쳤다는 생각이 들었던 것이다.

"은정아, 너, 나와 함께 독일에 가지 않을래?"

물끄러미 나를 바라보던 교수님이 갑자기 물으셨다.

"내가 기억하는 너는 음악에 대한 열정이 대단한 사람이었어. 그런데 네가 다니는 대학에는 음악보다 더 재미있는 일이 너무 많은 것 같네?"

교수님을 뵙고 돌아온 그날 밤 나는 좀처럼 잠을 이룰 수 없었다. 심장이 방망이질 쳤다. 피아노는 나의 전부라고 해도 지나친 말이 아니었다. 어렸을 때부터 다른 곳에 눈 돌리지 않고 피아니스트가 되겠다는 꿈을 향해 걸어왔다. 내 모든 열정을 쏟아부었다. 그때의 열정이, 피아노에 대한 사랑의 감정이 되살아났다.

나는 다음 날 부모님에게 독일로 유학을 떠나겠다고 말했다. 부모님도 더 이상은 반대하지 않으셨다. 두 분 모두 내가 얼마나 유학을 가고 싶어 하는지 잘 알고 계셨던 것이다.

베를린국립음대 입학원서는 독일로 돌아가신 이미주 교수님이 접수시켜 주셨다. 고마운 일이었다. 나는 기말고사를 끝내고 베를린행 비행기에 몸을 실었다. 내 마음은 비행기에 오르기 전부터 들떠 있었다. 부모님과 친한 친구들과 헤어지는 슬픔보다는 새로운 세상에 대한 기대와 설렘이 더 컸던 것이다.

순수하고 맑은 영혼을 지닌 최희연 선배님

그러나 기대감을 가득 안고 도착한 베를린의 첫인상은, 썩 좋지 않았다. 한때 나를 매료시켰던 도시 부다페스트나 보스턴, 뉴욕과는 달랐다. 하늘은 우중충했고, 거리에는 그 하늘에 어울리는 회색과 갈색, 검정색 코트를 입은 사람들뿐이었다. 밝은색의 겉옷을 입고 있는 사람은 찾아볼 수 없었다.

지금은 세계 최고 건축가들의 작품이 곳곳에 들어서 있고 문화재들이 복구되어 근사한 모습을 하고 있지만 1994년 12월의 베를린은 도시 이곳저곳이 공사 중이어서 마치 심하게 상처를 입은 환자 같았다. 칼바람이 살을 파고들었고, 저녁 6시만 되면 모든 상점들이 문을 닫았다. 네온사인 하나 없는, 춥고 어둡고 조용한 거리는 내 마음을 더욱 쓸쓸하게 만들었다.

최희연 선배님이 베를린 공항으로 마중 나와 주지 않았다면 나는 참으로 막막했을 것이다. 당시 최 선배님은 베를린국립음대를 마치고 미국 유학을 준비하고 있었다.

선배님은 내가 어렸을 때부터 한국 음악계의 대스타였다. 내가 독일에서 활약하던 최 선배님의 연주를 처음 들은 것은 대학교 1학년 때였다. 선배님의 내한 연주회가 열리던 날은 마침 우리 과와 조선해양공학과가 함께 MT를 가는 날이었다. 남학생들과의 조인트 MT는 충분히 유혹적이었다. 그러나 나는 미련 없이 포기하고 선배님의 연주를 보러 갔었다. 과연 선배님의 연주는 MT를 못 간 아쉬움을 날려 버릴 만큼 멋졌다.

최 선배님은 낯선 공항에 내려 불안해하는 나를 따뜻하게 맞아주었다. 선배님의 얼굴을 보니 반가웠지만 한편으로는 존경하고 동경하는 선배님에게 신세를 지게 되어 황송하다는 생각도 들었다.
선배님이 없었다면 독일에서의 생활은 몹시 힘들었을 것이다. 선배님은 어수룩하고 부족한 나를 물심양면으로 많이 도와주었다.
순수하고 맑은 영혼을 지닌 선배님은 자신만이 들려줄 수 있는 연주를 하는 분이다. 지금은 멋진 남편인 유 검사님과 귀여운 두 아이와 함께 행복하게 살고 계신다. 부디 사람들의 영혼을 정화시키는 연주, 계속해서 들려주셨으면 한다.

독일에 온 지 일주일. 크리스마스가 되었다. 최 선배님은 나에게 독일 가정에 초대받았다며 같이 가자고 했다. 그러나 영 내키지 않았다. 독일어가 서툴러 사람들의 말을 잘 알아들을 수 없었기 때문이었다. 다들 웃는데 나만 멍하니 있는 상황을 견뎌낼 용기가 없었던 것이다. 또한 두 달 후에 치를 입시도 부담이 되었다.
나는 하루 종일 학교에서 연습을 해야겠다고 마음먹고 최 선배님에게 몸이 안 좋아 집에서 쉬겠다는 핑계를 댔다. 그런데 이게 웬일인가. 학교도 상점도 모두 문이 닫혀 있는 것이 아닌가. 덕분에 독일에서 맞이한 첫 크리스마스를, 하루 종일 오래된 시리얼을 먹으며 외롭고 심심하고 쓸쓸하게 보냈다.

그 후 나는 먼저 유학 온 대학 선배 몇 분을 만났고 이미주 교수님께 레슨도 받기 시작했다. 학교에서 거의 매일 열리는 음악회를 보러 다니기도 했다. 우상이었던 브렌델과 키신의 실황 연주를 듣는 가슴 뛰는 경험도 했다.

울프? 이름마저 늑대라고?

그로부터 얼마 뒤 나는 3명의 독일 학생이 살고 있는 아파트로 옮기게 되었다. 비올라를 전공하는 여학생 기젤라와 트럼펫을 전공하는 남학생 하리, 그리고 화공학을 전공하는 남학생 울프가 바로 그들이었다. 그들은 플랫메이트 한 명이 두어 달 외국에 나가 있게 되어 잠시 함께 살 학생을 구하고 있었는데 내가 들어간 것이다. 언제까지 최 선배님에게 신세를 질 수도 없는 일. 선배님은 나에게 신경 쓰느라 자신의 일을 제대로 하지 못하고 있었다.

아버지는 내가 남학생들과 함께 살게 되었다는 말을 듣고 기겁을 했다. 내가 첫 방학을 맞아 한국에 돌아왔을 때 아버지는 그때의 답답했던 심정을 이렇게 털어놓았다.

"게다가 이름까지 울프라니. 이건 뭐 대놓고 늑대라네. 그거 참. 그렇다고 당장 달려갈 수도 없고…."

나를 걱정하는 부모님 마음을 모르는 바는 아니었다. 그러나 다른 방법이 없었다. 내가 누구에게도 폐를 끼치지 않고 머물 수 있는 곳은 그곳뿐이었던 것이다. 더군다나 독일 남학생들은 정말 매너 있고, 친절했고, 청결하기까지 했다. 그 뒤 7번 이사를 했고 5번 다른 플랫메이트들을 만났는데 두 달 간 함께 살았던 이 친구들이 가장 오래 기억에 남는다.

나는 그들과 금방 친해졌다. 스웨덴에 사는 여학생과 장거리 연애 중이었던 울프는 자주 상담을 요청했고, 살을 20kg이나 뺀 기젤라는 자신의 어메이징 스토리를 서슴없이 털어놓았다. 나 역시 그들에게 갑작스럽게 유학을 결심하게 된 이유, 시험 날짜가 다가올수록 떨리고 긴장되는 마음, 맏딸을 멀리 떨어진 나라에 보내놓고 내가 좋아하는 반찬만 봐도 눈물을 흘리실 게 뻔한 어머니, 남녀 공용 기숙사에 있는 내 걱정에 잠을 못 이룰 아버지에 대한 이야기를 들려주었다.

공교롭게도 입학시험을 보는 날이 내 20번째 생일이었다. 당시에는 20번째 생일이 되면 특별한 3가지 선물을 받는 것이 유행이었다. 그 선물은 바로 향수와 장미꽃과 첫 키스!

나는 울프와 기젤라에게 "수많은 친구들에게 둘러싸여 신나고 화려한 삶을 살았던 내가, 정작 20번째 생일에 남자 친구도 없이 덜덜 떨며 대학입시를 다시 봐야 한다니, 이 무슨 기막힌 일이냐."며 푸념을 늘어놓았다.

어느 날 연습을 끝내고 지친 몸으로 집에 돌아오니 모두들 거실에 앉아 영화를 보고 있었다. 뭐냐고 묻자, 「원초적 본능」이라고 했다.

"은정, 너 한국에 전화해서 아빠한테 이른다! 이거 몇 등급짜리 영화인 줄 알아?"

하리가 놀렸다.

"애 취급하지 마. 이 정도는 우습다. 이미 오래전에 봤어."

나는 여유 있게 웃으며 그들 옆에 앉았다. 내 말은 사실이었다. 18번째 생일에 친구들을 집으로 불러 고등학교 졸업 축하 겸 생일파티를 하며 「원초적 본능」을 함께 보았었다. 처음에는 상당히 긴장되었고 가슴이 두근거렸지만 여러 명이 시끄럽게 떠들면서 보니 에로틱하기는커녕 우습기만 했었다.

그런데 이럴 수가!!

당시의 나로서는 소화하기 힘든 장면이 화면 가득 펼쳐지고 있었다. 한국에서 친구들과 봤던 비디오는 엄청난 삭제판이었던 것! 얼굴이 화끈거려 화면을 보기 어려웠다. 내가 숨 쉬기조차 곤란해 하고 있다는 것을 눈치 챈 울프가 크게 외쳤다.

"야, 빨리 한국에 전화해. 은정, 독일 와서 피아노는 치지 않고 이상한 거 배운다!"

그랬다. 나는 독일에서 음악뿐만 아니라 다른 것들도 많이 배웠다. 내가 비로소 홀로서기를 시작한 곳, 그곳이 바로 독일이었으니까.

금발 청년 에릭과의 첫 키스

그 무렵 나는 최희연 선배님이 소개해 준 독일인 가정에서 연습을 하고 있었다. 학교에서는 연습실을 이용하려는 학생들이 많아 3시간 연습하면 반드시 1시간은 쉬어야 했기 때문이었다.

독일인 가정의 아버지는 은행에 다니는 클라우스 하일리거 아저씨였고, 어머니는 미국인인 릴리 아주머니였다. 자녀로는 나보다 7세 많은 작곡과 대학원생인 딸 알리스와 4세 연상의 경영학과 학생 아들 에릭이 있었다. 세계 최고의 피아노인 스타인웨이가 있는 그 집 식구들 모두 음악을 무척 좋아해서 하루 종일 연습해도 상관없다고 했다. 오히려 환영한다고 했다. 정말이지, 너무나도 감사한 일이 아닐 수 없었다.

나는 잠시 쉬는 시간에는 릴리 아주머니와 이런저런 이야기를 나누었다. 특히 한국에 있는 부모님과 음악을 하는 두 여동생 이야기를 많이 했다. 릴리 아주머니도 미국에 있는 친정 가족들, 미국으로 유학을 온 클라우스 아저씨와 처음 만나 사랑에 빠진 이야기, 베를린으로 시집와서 겪은 여러 가지 이야기를 들려주었다. 나는 릴리 아주머니를 통해 홍차에 우유와 설탕을 타서 마시는 법을 알게 되었고, 곧 밀크티를 좋아하게 되었다.

시간은 빠르게 흘러 어느덧 시험 전날이 되었다. 한국에서 대학입시를 치를 때와는 달리 초조했다. 6년간 예술 중·고교를 다녔던 나는 시험과 콩쿠르에 익숙해져 있었다. 따라서 자신감이 있었고, 대학입시도 학교시험과 다르지 않다는 생각에 편안한 마음으로 치를 수 있었다.

하지만 베를린국립음대는 세계적인 명문이었다. 학교 명성이 안겨주는 위압감, 입시를 준비할 시간이 많지 않았다는 불안감, 한국과는 다른 시험 방식(한국에서는 5분 정도 연주했지만 이곳에서는 20여 분을 연주해야 했고, 처음 보는 악보를 즉석에서 연주하는 초견시험과 음악이론시험도 치러야 했다)에 대한 부담감 때문에 좀처럼 잠을 이룰 수 없었다.

다음 날 아침, 나는 문 두드리는 소리에 깜짝 놀라 잠에서 깨어났다.
"은정, 늦은 거 아냐? 오늘이 시험 보는 날이잖아!"
기젤라였다. 새벽녘에야 잠이 들어 알람을 못 들은 모양이었다.
'이럴 수가, 말도 안 돼, 바보! 바보!!'
허둥지둥 옷을 입고 방문을 열었다.
"은정, 생일 축하해! 시험 잘 봐라!"
거실에는 다양한 색깔의 풍선이 가득했다. 기숙사 친구들은 기젤라가 직접 만든 초콜릿 케이크에 20개의 초를 꽂으며 노래를 불러주었다. 눈물이 핑 돌았다.
"아아, 얘들아, 정말 고마워."
친구들의 응원을 뒤로하고 있는 힘을 다해 달려 학교에 도착한 나는, 다행히 뒤 번호를 뽑아 숨을 고르고 시험을 치를 수 있었다. 친구들의 격려에 용기백배한 것은 물론이다. 시험을 마치고 약간 허탈한 마음으로 터덜터덜 계단을 내려오는데, 늘 나를 챙겨주던 최 선배님이 보였다.

"은정아, 정말 고생 많았다. 릴리 아줌마가 너 식사 초대하셨어."

"아, 정말요, 언니? 그동안 보살펴주신 것도 너무 감사한데 시험 봤다고 밥까지 해주시네요. 이 은혜를 어떻게 갚아야 할지 모르겠어요."

나는 아침에 있었던 감동적인 이벤트를 이야기하며 최 선배님과 함께 릴리 아주머니 댁으로 갔다. 초인종을 누르자 곧 문이 열렸고, 왁자한 합창이 터져 나왔다.

"생일 축하해!"

최 선배님이 오늘이 내 생일이라는 것을 알려준 것이다!

하일리거 씨 가족은 박수를 치며 생일을 축하해 주었다. 알리스는 놀라고 감격해서 정신을 못 차리는 내게, 작은 향수병과 장미꽃 다발을 안겼다.

"자, 이제 키스를 받을 차례지? 우리가 네 20번째 생일 선물을 준비했어! 남자 친구는 아니지만 말이야. 에릭, 뭐하고 있어?"

으악!!

정말이지 나는 당황하고 말았다. 15년 전의 한국은 지금 같지 않았다. 이제는 한국의 젊은이들도 지하철이나 길거리 등 공공장소에서 애정 표현을 서슴없이 하지만, 나는 그런 장면을 독일에 가서야 처음 보았다. 당연히 충격을 받을 수밖에. 아무리 가벼운 뽀뽀라고 해도 여러 사람 앞에서 받는다는 것은 소화해 내기 벅찬 상황이었다. 금발에 파란 눈의 에릭은 귀까지 새빨개진 나를 보고 큰 소리로 웃었다.
"잠깐만, 이거 은정에게 선물을 주자는 거야, 고문을 하자는 거야? 너무 겁내지 마세요. 안 아파요!"
에릭은 그렇게 말하고는 내 볼에 가볍게 뽀뽀를 했다. 모두들 박수를 치며 크게 웃었다. 이날의 소동은 하일리거 씨 댁에 식사 초대를 받아서 갈 때마다 화제가 되곤 했다. 아주 오랫동안.

▩ 보석상자 둘

영원한 베스트 프렌드, 보아

시험을 치른 일주일 후, 나는 합격 통지를 받았고, 그때부터 10년간의 독일 유학생활이 본격적으로 시작되었다.

5월이 되자 베를린의 모습은 완전히 달라졌다. 푸른 숲으로 뒤덮인 도시에는 풀냄새, 꽃냄새가 가득했다. 카페들은 테이블을 밖에 내놓았고, 사람들은 밖에 놓인 테이블에 앉아 차를 마시며 여유 있게 담소를 나누었다. 만약 내가 여름에 베를린에 왔었다면 전혀 다른 인상을 받았을 것이다. 여기저기서 일광욕을 즐기고 있는 사람들은 12월의 그들과는 완전히 달라보였던 것이다. 베를린은 8개월 동안은 어두침침한 겨울이 이어지고, 4개월 동안은 여름이 눈부시게 빛나는 도시이다.

화창한 날씨와 두근거리는 마음으로 시작한 첫 학기는, 그러나 날씨와는 상관없이 우중충해지기 시작했다. 가장 큰 문제는 독일어 실력이 부족해 수업을 따라갈 수 없다는 것이었다. 한국에서 예중·고 6년, 음대 2년을 다닌 나였다. 누구보다 잘할 자신이 있었고, 잘 해내고 싶었다. 하지만 실기 연습할 시간도 부족한데 독일어 시험까지 준비해야 하니, 수업을 따라가는 것이 힘들 수밖에 없었다.

지치고 고된 나날이 계속되었다. 단지 말이 서툴다는 이유로 바보 취급을 받을 때도 있었다. 자존심이 상했고, 무척 고통스러웠다. 인터넷도 TV도 없었고 놀이라고는 가져간 몇 권의 책과 CD가 전부였다. 가끔 독일 친구들이 파티에 초대했는데 파티를 즐기게 되기까지는 한참 걸렸다.

독일의 파티 분위기는 서양의 다른 나라와 비슷할 것이다. 음악이 흐르는, 다소 어두운 실내에서 각자 병맥주나 와인 한 잔을 들고 돌아다니다 두세 명씩 짝을 지어 이야기를 나눈다. 몇 명은 춤을 추기도 한다. 그게 전부다. 음악이 좋고, 마음에 맞는 사람을 만나, 흥미 있는 이야기를 주고받으면 즐겁고 신나는 파티가 되지만 음악이 재미없고, 마음에 들지 않는 상대에게 관심 없는 이야기만 계속 듣게 되면, 지루한 파티가 된다.

처음 파티에 갔을 때는 당연히 재미가 없었다. 독일어 실력이 신통치 않은 데다 주위가 소란스러워 상대방 이야기를 알아듣기 힘들었던 것이다. 그럴 때면 한국 친구들이 그리웠다. 한번은 파티에 가서 어떤 여학생에게 "한국 친구들은 이렇게 끼리끼리 놀지 않고 다 같이 논다. 여러 가지 게임을 하는데 그게 참 재미있다."고 말했다. 그러자 내 말을 들은 여학생이 아이들을 불러 모았다.

"모두 모여 봐. 은정이가 재미있는 게임을 소개해 준대."

나는 당황했지만, 용기를 내서 007게임, 도둑잡기게임, 4박자게임, 전기게임 등을 알려주었다. 다행히 아이들은 금방 배웠고, 분위기가 살아났다.

보아를 만난 것도 파티에서였다. 홍수처럼 쏟아지는 독일어를 알아들으려고 온 정신을 귀에 집중하고 있던 나는, 주위를 둘러보다 동양인 여학생을 발견했다. 반가웠다. 눈이 마주치자 그 여학생도 나에게 미소를 보냈다. 나는 그녀 가까이 다가가 독일어로 말을 건넸다. 그녀가 어느 나라 사람인지 몰랐던 것이다.

"난 한국에서 왔어. 이름은 은정이고, 음대생인데, 첫 학기를 보내고 있어."

순간 그녀가 서툰 한국어로 더듬더듬 말하는 것이 아닌가!

"나도… 한국… 사람이에요. …입양됐어요. …한국말 배운 지…얼마 안 됐어요."

그녀의 이름은 보아 블룸. 우리의 만남은 그렇게 시작되었다. 실제로는 나보다 2세 많은 보아는, 입양되면서 2세 어리게 호적에 올랐다. 독일 학교는 13학년제였기 때문에 보아 역시 고등학교를 졸업하고 베를린자유대학 생물학과에서 1학기를 시작한 터였다.

그날 우리는 밤늦도록 독일어에 한국어와 영어를 섞어가며 이야기를 나누었고, 곧 친구가 되었다.

나는 여동생 두 명과 얼굴이 많이 닮았다. 모두 음악을 전공했고, 같은 학교를 다녀서 아주 친하다. 하지만 우리 셋은 성격과 기질이 매우 다르다. 반면에 보아와 나는 외모는 물론 성장 환경도, 전공도 전혀 다르지만 소울메이트처럼 느껴질 만큼 성격이 비슷하다. 무슨 말을 해도 바로 알아듣고 눈빛만 봐도 마음을 알 수 있다. 함께 있으면 지루함을 느끼지 못했다. 그렇기에 언어의 장벽을 넘어 친한 친구가 될 수 있었던 것이다.

쉽지 않았던 유학시절 초반, 보아는 내게 큰 힘이 되어주었다. 보아 덕분에 나는 곧 독일 생활에 적응하게 되었고, 학교생활도 즐기기 시작했다.

보아는 한국에 있는 부모님과 연락하고 지냈다. 한국의 가족은, 보아에게 그리움의 대상이었고, 아픈 존재이기도 했다. 나는 보아의 이야기를 들으면서 많이 울었고, 내 힘든 삶도 그녀와 함께 나누었다. 그러면서 우리는 더욱 가까워졌다.

1996년 여름, 보아는 16년 만에 한국을 방문해서 친아버지와 친척들을 만났다. 나도 그 자리에 함께했다. 친아버지와 친척들은 잔뜩 긴장해 있는 보아를 따뜻하게 맞아주었다. 가족들의 환대와 사랑에 보아의 마음은 위로를 받았다.

보아는 우리 가족과도 많은 시간을 보냈다. 어머니는 보아를 딸처럼 데리고 다니며 귀여워하셨다. 모두들 보아를 좋아했다. 그녀는 정말 사랑스러운 친구다.

방학이 끝나갈 무렵, 우리는 함께 독일로 돌아왔다. 그리움과 슬픔이라는 후유증이 밀려왔지만, 우리는 서로를 위로하며 이겨나갔다.

그 후 IMF가 터져 집안 형편이 어려워진 나는 한국에 돌아와 복학을 했다. 지금의 남편을 만난 것은 그 무렵이었다. 졸업 후에는 다시 베를린으로 건너가 공부를 했는데, 우리는 5년간의 장거리 연애 끝에 결혼을 했다. 결코 쉽지 않은 과정이었다.

연애와 학업으로 복잡다단했던 20대의, 고통과 환희의 긴 여정을 함께했던 보아. 내가 힘들 때마다 따뜻한 손을 내밀었던 그녀는, 2002년 한국에서 열린 내 결혼식 때 약혼자인 안드레와 독일 아버지인 루돌프 아저씨와 함께 참석하여 부케를 받았다.

생물학과를 1년 다니다 법학과로 전과한 보아는, 2004년 여름, 초등학교 동창인 멋진 독일 청년 안드레와 결혼했다. 나는 그때 방학이어서 서울에 돌아와 남편과 행복한 시간을 보내고 있었다. 하지만 나 역시 그 즐거운 시간을 포기하고 한 달 일찍 독일로 돌아가, 그녀 결혼식의 증인이 되었다. 지금 독일에서 변호사로 일하고 있는 그녀는,

강력계 형사인 안드레와 천사처럼 예쁜 딸 야스민과 함께 행복하게 살고 있다.

▩ 보석상자 셋

벤츠 교수님과의 첫 만남

베를린국립음대를 졸업할 무렵, 나는 음대 마지막 과정인 콘체르트 엑자멘최고 연주자 과정의 입학시험을 보기 위해 고속열차 ICE를 타고 5시간 정도 걸려 만하임으로 갔다. 내가 목표로 하는 대학은 벤츠 교수님이 있는 만하임국립음대였다.

시험 전날인 2003년 2월 13일. 저녁 무렵까지 학교에서 연습을 하고 출발했던 터라 만하임 중앙역에 도착하자 밤 12시가 넘어 있었다. 나는 일단 역 근처에 있는 호텔을 찾아갔다.

벤츠 교수님에 대해서는 예전부터 잘 알고 있었다. 베를린에서 친하게 지냈던 이용규 선배의 은사가 바로 벤츠 교수님이었던 것이다. 이 선배는 나에게 교수님이 20세의 나이에 리스트와 부조니 콩쿠르에서 우승했다는 화려한 경력부터 구체적인 교수법이나 겸손한 인품에 대한 이야기까지 자세히 들려주었다.

그렇지 않아도 베를린국립음대의 지도 교수님이 오스트리아의 빈

국립음대로 가시게 되어 학교를 옮겨보려는 생각을 하고 있을 때였다. 실력이 뛰어나고, 내게 음악적으로 많은 영향을 준 이용규 선배의 적극적인 추천으로 벤츠 교수님 클래스에 들어가고 싶은 열망은 점점 더 강해졌다.

나는 벤츠 교수님에게 전화를 걸어 교수님께 배우고 싶다는 마음을 전했다. 교수님은 "마침 7년여 만에 졸업생이 생겨 클래스에 한 자리가 비었지만 일단 입학시험에 합격해야 한다. 연주를 듣고 결정하고 싶으니 시험 날 보자."고 하셨다.

호텔에서 하룻밤을 보내고, 다음 날 아침 일찍 학교를 찾아갔다. 2월이었지만 날씨는 아주 맑았고 기분도 좋았다. 7층 건물인 학교는 극장과 붙어 있었다. 학교의 벽은 유리로 만들어져 있어 핑크색 발레복을 입고 연습하고 있는 금발 소녀들이 보였다. 극장과 미래의 발레리나들이 내 마음을 급속히 끌어당겼다. 내가 사랑하는 영화와 발레! 정말 이 학교에 다니고 싶었다.

대기실에서 오래 기다린 끝에 나는 시험 장소인 실내악 홀에 발을 디딜 수 있었다. 몇 분의 교수님께서 앉아 계시는 모습이 보였다. 그분들 중에서 벤츠 교수님이 누군지 궁금했지만 긴장되어 쳐다볼 수 없었다.

시험을 마친 후 초조함을 달래려고 학교 옆 극장에서 영화를 보았다. 그러나 내용과 제목이 전혀 기억나지 않는 것으로 보아 별 효과는 없었던 것 같다. 시험이 끝날 때쯤 실내악 홀 앞 로비로 가니 수험생들이 삼삼오오 몰려 서 있었다. 심사를 끝내고 나오는 교수님들에게 자신의 연주가 어땠는지 묻고 싶어서였을 것이다.

곧이어 굳게 닫혔던 문이 열리고, 빨간 캐시미어 가디건을 입은 40대 후반의 키 큰 신사가 걸어 나왔다. 나는 직감적으로 그분이 벤츠 교수님이라는 것을 알았다. 가슴이 방망이질 쳤다. 수험생들은 약속이라도 한 듯 입을 다물고 벤츠 교수님을 쳐다보았다. 교수님은 모여 있는 학생들을 보더니 잠시 멈칫하며 특유의 수줍은 듯한 표정을 지으셨다. 그러다 누구를 찾는지 학생들을 둘러보셨고, 나와 눈이 마주치자 손짓을 하셨다.

"이은정 양?"

"네!"

"날 따라오세요."

그 많은 의혹 내지는 선망의 눈빛을 뒤로하고 교수님을 따라가는 기분이란! 아직 아무런 얘기도 듣지 못했지만 느낌이 좋았다. 수많은 경쟁자를 물리치고 주연급에 발탁된 배우의 기분이랄까.

긴장한 나에게 부드러운 목소리로 몇 시에 도착했는지, 호텔은 불편하지 않았는지 등등을 묻던 교수님은 자신의 방에 들어가 나를 자리에 앉힌 후 이렇게 말했다.

"축하해요. 이은정 양의 연주는 훌륭했어요. 우리는 당신을 최고연주자과정에 받아들이기로 결정했답니다. 만하임에 온 걸 환영해요."

누구나 살아가면서 한 번쯤은 맛볼 순수한 환희의 순간. 그 순간이 내게 온 것이었다. 그 학기의 합격생은 나 혼자뿐이었다. 나는 그때만큼은 진정한 신데렐라였다.

"우와!"

나는 기쁨을 이기지 못하고 소리쳤다.

"벤츠 교수님, 교수님의 명성은 익히 들어 알고 있었고, 오랫동안 존경해 왔습니다. 정말 선생님에게 배우고 싶었어요. 감사합니다. 너무너무 기뻐요. 최선을 다하겠습니다!"

그 후 교수님과 함께 지내는 시간이 늘어나면서 알게 된 사실은 당신이 전형적인 독일인이라는 것이다.

교수님은 다정하고 소박하고 순수한 분이었지만 이탈리아인이나 프랑스인처럼 자신의 감정을 터놓고 표현하진 않았다. 감상을 절제하는 연주를 했고, 음악적 해석도 견고한 이성과 논리의 바탕 위에서 이루어졌다. 그런 선생님은, 처음 만난 내가 흥분과 존경심, 애정을 감추지 않고 표현하자 적잖이 당황한 모양이었다.

"아, 네, 좋아요. 그런데 학생, 알고 있나요? 난 결혼한 사람이랍니다."

나는 진지한 표정으로 손가락에 낀 반지를 보여주는 교수님을 보고 멍해졌다. 논리의 고리가 끊어졌기 때문이다. 여기서 대체 결혼 이야기가 왜 나오는 걸까. 나는 더듬더듬 입을 열었다.

"아… 네… 그러세요? 저도 했는데요, 결혼."

예상치 못한 대답이었는지 교수님은 움찔하더니 이내 활짝 웃으셨다.

"그래요? 그거 아주 잘됐군요. 축하해요. 자, 그럼 우리 무슨 곡부터 공부할까요?"

교수님은 내 감정 표현이 지나치다고 느낀 듯했다. 그래서 자신을 남자로 흠모해 온 건 아닌가, 하는 착각을 했던 것 같다. 나는 교수님을 아빠처럼 생각했는데. 하지만 교수님이 그런 의심을 한 것도 무리는 아니었다. 정말 인기가 많았기 때문이다.

만하임국립음대에서 만난 일본 학생들

2003년 당시 벤츠 교수님의 클래스엔 일본 학생들이 많았다. 대부분 6~7년 이상 공부한 그들은 나와 나이가 비슷했는데, 모두 교수님을 극진히 섬겼다. 그들에게 교수님은 '욘사마', 아니 '벤사마'였다. 그들은 개인주의적인 성격이 강하고 다소 무뚝뚝한 독일 학생들과는 아주 달랐다.

나는 베를린에서는 특별히 친하게 지냈던 일본 학생이 없었지만 만하임에서는 일본 학생들과 아주 친해졌다. 가장 먼저 떠오르는 사람은 독일인과 결혼해 그곳에 정착한 독실한 크리스천 아추코다. 독일 유학 중에 신앙을 얻은 아추코는 종교에 대한 신선하고 순수한 열정을 지니고 있었고, 그 덕분에 행복이 넘치는 생활을 하고 있었다.

교토 출신의, 여성스럽고 예의 바르고 마음 여린 아케미와, 빡빡머리에 까만 뿔테 안경을 쓰고 반바지를 즐겨 입던 타스쿠도 잊을 수 없다. 전형적인 일본 만화 캐릭터 같은 타스쿠의 외모는 멋있기보다는 재미있는 편이었지만 그의 감수성 넘치는 연주와 카리스마 있는 성격은 나를 매료시켰다.

이탈리아에서 열린 콩쿠르에 함께 나가며 많은 대화를 나누었던, 나가노 출신의 준코도 마찬가지다. 나가노는 그 유명한 가와바타 야스나리의 소설, 『설국』의 무대라고 했다.

내가 일본어를 배울 결심을 한 것도 준코 때문이다. 그녀는 내게 말했다.

"네가 일본어를 할 수 있었으면 얼마나 좋을까. 내 독일어 실력이 짧아 마음속의 이야기를 모두 전할 수 없는 것이 아쉬워."

영화배우처럼 생긴 타카시와 귀엽고 상냥한 요시에도 나에겐 소중한 사람들이다. 패션커플인 타카시와 요시에는 그야말로 세련되고, 매너 좋고, 사교적인, '우린 반드시 크게 성공할 거야.' 라는 글씨가 이마에서 번쩍이는 사람들이었다. 결혼한 그들은, 현재 일본에서 성공한 연주자로, 교수로 행복한 생활을 하고 있다.

나는 대부분 도쿄음대 출신인 일본 학생들을 통해, 전에는 그다지 관심을 두지 않았던 일본의 문화와 사람들에 대해 다시 생각하게 되었고, 많은 것을 배웠다. 각자의 나라에 대한, 즉 서로에 대한 선입관과 편견에서 벗어날 수 있었던 즐겁고 인격적인 만남이었다. 나는 그때, 각 개인은 인종과 문화, 역사를 떠나 저마다 자신만의 색깔이 있다는 사실을 알았다.

2004년 여름방학에는 난생처음 도쿄에 갔다. 친구들이 말한 도쿄 음대, 우에노공원, 시부야, 신주쿠, 하라주쿠, 다이켄야마와 오다이바가 궁금했고, 조금 배운 일본어도 써먹고 싶었기 때문이다.

2005년 여름, 유학을 마치고 한국으로 되돌아오던 날은 마침 일요일이어서, 전날 이별식을 했던 한국 친구들은 모두 교회에 갔다. 역으로 배웅 나온 것은 일본 친구들뿐. 그들이 나에게 얼마나 큰 위로가 되었는지 모른다. 고맙고 감사했다. 그들과는 지금도 자주 연락하며 지낸다. 한국이나 일본 또는 독일에서 다시 만날 날이 있을 것이다.

보석상자를 찾아서

4년 만에 다시 찾은 하이델베르크

2009년 7월 22일.

프랑크푸르트를 출발한 기차가 하이델베르크 중앙역에 들어서자 낯익은 풍경이 눈에 들어왔다. 마치 고향에 온 듯한 느낌이었다. 내가 음대 마지막 과정을 공부했던 만하임은, 하이델베르크에서 15분 거리에 있는 도시였던 것이다. 추억이 해일처럼 몰려왔다.

연주를 하기 위해 드레스와 구두가 들어 있는 가방을 들고 수없이 내렸던 역이었다. 연주를 마친 늦은 밤, 성취감에 이어 찾아오는 허탈감을 달래며 만하임행 기차를 기다리던 곳이었다. 한국에서 나를 찾아온 친구들, 부모님과 재회의 기쁨을 만끽했던 곳이기도 했다.

새벽까지 이어진 파티 후에 친구들과 꾸벅꾸벅 졸면서, 조는 친구들을 깨우면서, 웃고 떠들며 기차를 기다리던 어느 여름날도 생각나고, 강렬한 행복감이 온몸을 휘감았던 어느 겨울밤의 일도 떠올랐다. 그날 밤, 모자가 달린, 발목까지 내려오는 짙은 남색 해리포터 코트를 입고, 검은 통밀 샌드위치를 손에 들고 기차를 기다리던 나는 서점에 들어가 얇은 소설책을 하나 샀다. 순간 문득, 어린 시절 영화에서나 보던 독일의 하이델베르크역에서 이렇게 시간을 보내고 있다는 사실이 꿈처럼 느껴졌었다. 행복했고, 정말 감사했다. 그때의 서점, 그때의 빵 가게가 거기 그대로 있었다.

사실 독일로 떠나기 전의 내 마음은 그저 설레고 좋기만 한 것은 아니었다.

평소 존경하던 한 교수님의 부탁으로 독일에서의 음악캠프를 주관하게 되어 떠나는 여행이었다. 그 일정에는 벤츠 교수님의 매스터클래스_{청중 앞에서 하는 공개 레슨}도 포함되어 있었다. 이참에 벤츠 교수님을 다시 뵙고, 일정이 끝난 후에는 친구들을 만날 수 있다는 생각을 하면 가슴이 뛰었지만 현재 맡은 일이 너무 많아 부담스러운 것도 사실이었다.

나는 지난 4년 동안 한국과 중국에서 연주와 강의를 하며 바쁘게 지냈다. 빈틈없이 꽉 짜인 스케줄에서 10여 일을 할애한다는 것은 결코 쉬운 일이 아니었다. 처음으로 긴 시간을 엄마와 떨어지게 된 어린 두 딸과 열흘이나 레슨을 못 받게 된 수험생 제자들, 다음 달 중국에서 있을 연주를 생각하면 마음이 무거웠다.

그러나 하이델베르크 중앙역에 다시 서자, 그 빛이 희미해져 가는 듯했던 내 마음속 보석들이 다시 반짝이기 시작했다.

나는 공중전화 부스에 들어가 벤츠 교수님에게 전화를 걸었다.

"여보세요, 벤츠입니다."

귀에 익은 묵직한 저음의 목소리. 내 심장은 쿵쾅거리기 시작했다.

"선생님, 저 은정이에요. 이제 막 하이델베르크에 도착했어요!"

4년 만에 듣는 목소리였지만 마치 어제도 들은 것 같았다. 교수님의 독특한 음성과 억양 때문에 10년 만의 통화였다고 해도 바로 알아들었을 것이다.

전화 속 선생님이 웃으셨다.

"이메일에는 독일어 다 잊어버려서 큰일이라고 걱정을 늘어놓더니, 잘만 하네?"

다음 날 하이델베르크에서 대형 콜밴 택시를 타고 학생들과 함께 벤츠 교수님 댁으로 갔다. 학교는 방학 중이었기 때문이었다. 아침부터 세차게 비가 내리더니 곧 구름 한 점 없는 파란 하늘이 모습을 나타냈다. 전형적인 독일 날씨였다.

교수님 밑에서 공부할 당시 나는 일본 친구들과 함께 기차를 타고 교수님이 연주하는 곳이면 어디든 찾아갔었다. 어느 오래된 도시, 고성에서 교수님이 들려준 베토벤의 4번 협주곡과 브람스 피아노 트리오 1번은 참으로 감동적이었다.

그러나 가슴 벅찬 감동을 드러내놓고 표시하는 우리들과는 달리 벤츠 교수님은 감동이나 감격을 표현하는 일이 거의 없었다. 성공적으로 연주회를 마치고 나서 우리를 안아줄 때도 약간 수줍은 듯한 몸짓을 하거나 표정을 짓곤 했다. 말은 더더욱 아꼈다.

나는 독일에서의 마지막 한 학기를 남편과 함께 지냈다. MBA 과정을 밟고 있던 남편이 방학을 이용해 독일에 와 있었기 때문이다. 덕분에 가끔씩 교수님 부부와 식사하며 사적인 추억을 만드는 행운을 누릴 수 있었다.

택시가 교수님 댁 뒷마당에 들어섰다. 소리를 들으셨는지 곧 문이 열렸고, 7년 전 처음 뵀을 때 그대로인 벤츠 교수님이 나오셨다. 특유의 수줍은 표정을 지으며 웃는 교수님. 정말 반가웠다.

다음 날, 마스터클래스를 끝낸 우리는 선생님과 작별 인사를 나누었다.

"만나자마자 이별이네. 은정, 한국에서의 성공을 축하한다. 늘 그렇게 건강하고 계속 잘해 주었으면 해. 남편과 아이들에게도 안부 전해 주고."

교수님은 이렇게 말하며 나를 안아주었다. 내 기억에 선생님이 이처럼 망설임 없이 나를 꼭 안아준 것은 처음이었다. 코끝이 시큰해졌다.

추억이 살아나는 곳, 베를린

나는 공식 일정을 마친 후 브라운슈바이크에서 일행과 헤어져 혼자 베를린으로 가는 기차에 몸을 실었다.

독일에서 공부하던 시절, 얼마나 많은 날을 혼자 베를린으로 돌아오는 기차를 탔었던가. 스페인과 이탈리아에서 콩쿠르를 마치고, 하노버에서 친구를 만나고, 스위스와 독일의 시골을 여행하고, 파리에서 마스터클래스에 참가하고, 하이델베르크에서 마음을 정리하고 베를린행 기차에 올랐었다.

독일 친구 소냐를 만난 것도 파리에서 베를린으로 돌아오는 밤기차 안에서였다. 이슬람 문화와 특이한 종교에 심취해 있던 개성 강한 친구, 소냐 덕분에 나는 독일 문화에 대해서도 코란에 대해서도, 많은 것을 배울 수 있었다.

1시간쯤 지나자 기차가 베를린 중앙역에 들어섰다. 나는 일어서서 창문 너머로 열심히 플랫폼을 바라보았다. 저기 멀리 내 친구의 멋진 남편 안드레가 서 있었다. 196cm의 큰 키 때문에 눈에 잘 띄는 그는, 마치 살아 있는 인형 같은 금발 소녀를 가슴에 안고 있었다. 그리고 그 옆에는 조그맣고 사랑스러운 내 친구, 보아가 서 있었다.

2005년, 만하임에서 졸업 연주를 마친 나는 베를린에 가서 보아를 만나고 한국으로 돌아왔다. 마지막 베를린 여행이었다. 보아는 그 이듬해 한국을 한 번 더 찾아왔다. 그리고 지난 3년 동안 우리는 만나지 못했었다.

물론 우리는 싸이월드 홈피에 비공개 게시판을 만들어놓고 수시로 이야기를 나누고 있다. 하지만 직접 만나 얼굴을 보고 손을 잡고 이야기를 하고 싶었다. 가끔씩 사무치게 내 베스트 프렌드가 그리웠다. 특히 힘들고 지치고 상처받은 날에는.

예전에 나는 보아와 함께 베를린에 있는 '발트 뷔네_{숲의 무대라는 뜻}'에 갔었던 적이 있다. 숲 한가운데 원형경기장 모양의 야외무대를 꾸며놓은 이곳에서는 여름이 되면 베를린 필의 명공연이 펼쳐지고 영화도 상영된다. 나에게는 참으로 잊을 수 없는, 신나는 추억의 장소인 그곳에서 보아와 처음 본 영화는 수잔 서랜든 주연의 「럭키 호러 픽처 쇼」였다.

보아는 영화를 보러 가기 전에 나에게 버려도 되는 겉옷과 담요를 준비하라고 일렀다. 나는 처음엔 그 이유를 몰랐다. 우리는 주차장에 차를 세우고 숲속까지 걸어갔는데, 그 긴 길이 온갖 코스프레를 한 사람들로 가득했다. 프랑켄슈타인처럼 붕대를 칭칭 감은 사람들도 보였다. 그것만으로도 호기심이 생겼고 가슴이 두근거렸다.

영화가 시작되자 사람들은 크게 소리를 질렀다. 가슴이 터질 듯했다. 사람들은 노래를 따라 부르고 대사를 외치면서 영화 속 장면을 재현했다. 스크린에서 결혼식이 거행되자 쌀을 던지고_{미국 결혼식에서는 쌀을 던지는 풍습이 있다고 한다. 행운이 온다나}, 프랑켄슈타인이 나오자 일제히 두루마리 휴지를 풀어 던졌고, 비가 내리자 물총을 쏘아댔다. 특히 두루마리 휴지를 풀어서 던지는 장면은 장관이었다.

그러다 어떤 장면에서였는지 모르지만, 나는 밀가루를 흠뻑 뒤집어썼다. 아마도 눈이 내렸던 것 같다. 여하튼 나는 쌀에, 물에, 밀가루까지 뒤집어쓴 채 정신 나간 사람처럼 소리를 지르고 웃어댔다. 너무너무 즐거웠다. 나는 그제야 보아가 버려도 되는 겉옷과 담요를 준비하라고 했던 이유를 알았다.

발트 뷔네에 갔던 또 다른 날은 추적추적 빗방울이 떨어지기 시작하더니 엄청나게 쏟아져 내렸다. 마치 한국의 장맛비 같았다. 이슬비가 많이 내리는 독일에서는 아주 드문 일이었다. 공교롭게도 그날 상영한 영화는 「타이타닉」! 영화 속에서도 홍수, 밖에서도 홍수, 온통 물 천지였다. 우리는 물에 젖은 생쥐가 되어 영화를 보면서 울었다. 비 맞고 울면서도 왜 이렇게 재미있던지 결코 잊을 수 없는 추억이다. 우리는 그때의 추억을 이야기하며 즐거운 시간을 보냈다.

나는 보아의 딸 야스민과 만난 지 채 2시간이 지나지 않아 친해졌다. 보아 말로는 처음 있는 일이라고 했다. 야스민이 낯을 많이 가려 낯선 사람들과는 좀처럼 친해지지 않는다는 것이었다.

외모는 아빠를 꼭 닮고, 성격은 엄마를 꼭 닮은 야스민은 착하고 정 많고 마음 여린 아이다. 나는 그 애의 이름을 짓는 데 한몫했다. 보아의 성 블룸Bluhm은 독일어로 꽃Bluhmen이라는 뜻이다. 보아가 이 이름, 저 이름 보여주며 어떤 것이 낫냐고 물어왔을 때 나는 주저 없이 만화영화 「알라딘」에 나오는 공주님의 이름, Jasmin을 골랐다. 보아의 성과 잘 어울리는 우아한 이름이라고 생각했기 때문이다.

얼마 후 나는 보아에게서 아기 이름을 야스민으로 정했다는 말을 들었다. 순간 내 자신이 무척 자랑스러웠고, 기뻤다. 이름이 '재스민 꽃'이라니 정말 멋지지 않은가! 사람들은 마치 예술가 이름 같다고들 한다.

외모와 성격이 이름과 너무 닮은, 향기로운 꽃잎 같은 사랑스러운 야스민. 지금처럼만 예쁘게 자라다오. 내년에는 나의 두 딸 재인, 다인과 친구가 될 수 있을 거야.

나는 며칠 후 보아 가족과 함께 클라우스 아저씨 댁으로 갔다. 베를린에 들를 거라는 이메일을 보내자 릴리 아주머니와 클라우스 아저씨가 집으로 초대한 것이다. 마침 연주를 위해 독일을 방문한 최희연 선배님이 그 집에 머무르고 있었다. 우리들이 이렇게 다시 모이는 것은 약 8년 만이었다.

내가 보아 가족과 함께 들어서자, 아저씨와 아주머니는 뛸 듯이 반갑게 맞아주었다. 15년 전 시험을 준비하며 매일 두드렸던 스타인웨이 피아노, 연주회가 열리기를 기다리며 드레스를 입고 앉아 있던 작은 방, 작은 연못이 있고 아름드리 사과나무가 서 있는 넓은 정원. 모든 것이 옛날 그대로였다.

우리는 검은 빵에 신선한 버터를 발라 연어와 토마토 수프와 함께 먹으며 많은 이야기를 나누었다.

그날 저녁 식탁에는 또 다른 한국 피아니스트 2명이 자리를 같이했다. 미국에서 태어나 줄리어드음대를 졸업하고 부다페스트와 베를린에서 막 학업을 마친 안수진 양과 최희연 선배님의 제자인 윤희 양이다. 정말 소탈하고 매력적인 성격의 안수진 양은 10대 시절 내가 동경했던 유학의 꿈을 모두 실현한 친구다. 그리고 베를린에 온 지 2년 됐다는 윤희 양은 10여 년 전의 내 모습을 생각나게 했다.

두 사람 모두 잘됐으면 하는 마음 간절하다.

최희연 선배님과 나, 그리고 보아와 알리스는 어느새 엄마가 되어 있었다. 아이들의 나이는 각각 1세부터 10세까지 다르지만. 금발 청년 에릭은 일주일 전에 자신을 꼭 닮은 건강한 아기 필립의 아빠가 되었다고 했다. 15년 전에는 대학생 자녀들의 아버지, 어머니였던 클라우스 아저씨와 릴리 아주머니가 이제는 세 손자의 할아버지, 할머니가 된 것이다. 모두들 이렇게 건강한 모습으로 다시 만나 행복한 저녁 시간을 함께하고 있다는 사실이 너무나 감사했다.

릴리 아주머니는 알리스와 에릭이 어렸을 때 집에 침입한 낯선 남자를 혼자 물리친 모험담을 들려주었다. 엄마가 된 우리는 너무 잔인해서 아이들에게 읽어주기가 겁나는 전래 동화에 대해 열띤 토론을 벌였다. 은행가 출신인 클라우스 아저씨는 앞으로 경제가 좋아질 거라는 전망을 내놓았다. 그렇게 이야기를 나누는 동안 아름다운 여름 저녁은 서서히 저물어갔다.

아저씨와 아주머니는 나에게 내년에는 가족 모두가 베를린에 와서 당신들 집에 머무르라고 몇 번을 이야기했다. 아무런 대가도 원하지 않고 그저 베풀기만 하는 두 분. 은퇴 후 많은 친구들과 사랑하는 가족에게 둘러싸여 좋아하는 음악으로 봉사활동을 하며 바쁘게 지내는 두 분. 남에게 무엇인가를 베푸는 것이 곧 두 분에게는 기쁨이었다.

내 삶의 롤 모델은 바로 두 분이다. 나는 두 분과 같은 어른, 두 분과 같은 친구, 두 분과 같은 부모가 되고 싶다.

사랑하는 아저씨, 아주머니, 부디 몸 건강히 행복하게 지내세요. 내년에는 꼭 재인과 다인을 소개시켜 드릴게요.

사람들과 함께하는 삶은 아름답다

내 마음에는 아주 아름다운 보석상자들이 있다. 그 보석상자 하나, 하나에는 진귀한 보물들인 내 사람들이 있다. 힘들고 아픈 날에는 위로가 되어주고, 달콤한 날에는 그 기쁨을 더욱 찬란하게 빛내주는 보석들이 말이다.

독일 유학 시절 나를 따뜻하게 감싸주고, 보살펴준 사람들도 보석상자 안에 많은 자리를 차지하고 있다. 그들과 함께 들었던 음악, 나누었던 추억이 문득문득 떠오를 때마다 나도 모르게 함박웃음을 짓게 된다. 그들이 없었다면 나는 참으로 외로운 나날을 보냈을 것이다. 어쩌면 지금의 나는 존재하지 않았을지 모른다.

지금 나는 일주일에 40명이 넘는 학생들을 가르치고 있다. 그중에는 10대도 있고, 20대도 있다. 내겐 그들 한 사람, 한 사람과의 만남이 무척이나 소중하다.

  나는 독일에서 외롭게 유학생활을 할 때 받았던 조건 없는 사랑을, 조금이나마 내 후배, 제자들에게 전하려 하고 있다. 그런데 놀랍게도 그것이 나를 살게 하는 힘이 되고, 기쁨이 되고 있다. 피곤하고 우울한 날에도 제자들을 만나면 음악에 대한 열정과 삶에 대한 애정이 되살아난다. 여간 감사한 일이 아닐 수 없다. 또한 사회생활을 하면서 만난 소중한 인연들도 내겐 무엇보다 귀한 보석이다.

  소중한 사람들과 함께 나누는 차 한 잔, 애정이 담긴 편지 한 장이 가슴 가득 행복을 전해 준다. 사람을 사랑하는 것만큼 고단한 삶의 여정에 힘을 주는 일이 또 있을까.

  나는 행복의 비밀을 알고 있는 사람처럼 마음이 설렌다. 어서 내일이 와서 또 새로운 인연을 만나고 싶다.

삼척에서 보낸 8년

김송호

‖‖

강원도 삼척.

비교적 나이 든 사람들은 '삼척' 하면 탄광, 무장공비 침투, 산골 오지 등의 이미지를 떠올릴 것이다. 상대적으로 젊은 사람들은 휴가를 떠나기 좋은 동해안의 도시, 동굴이 많은 곳, 낭만적인 휴양지 등으로 알고 있겠지만 말이다. 그럼 나에게 삼척이란 어떤 곳일까. 한마디로 정의한다면 '내 젊음이 스며들어 있는 곳'이라고 말하고 싶다.

‖‖

▨ 첫 직장은 누구에게나 중요하다

내가 동양시멘트 삼척공장에 내려간 것은 1980년 12월의 일이었다. 그 후 1988년 7월에 회사를 그만두고 미국으로 유학을 갔으니 거의 8년을 삼척에서 산 셈이다. 물론 인생 전체를 보면 그리 긴 시간을 보낸 곳은 아니다. 하지만 학생 신분을 벗어나 사회에 첫발을 내디뎠고, 한창 젊은 시절을 보낸 곳이라 가장 기억에 남는다. 학생일 때는 인간관계의 중요성을 그다지 느낄 수 없었던 내가 사회인이 되어 여러 사람들과 관계를 맺으며, 그 속에서 갈등을 느끼고 이겨 나가야 했던 곳이라 더욱 기억에 남는지도 모르겠다.

나는 유학을 다녀와서는 경기화학지금의 KG케미컬에 근무했었다. 하지만 지금까지도 서로 연락을 주고받는 사람들은 대부분 동양시멘트에서 함께 근무했던 이들이다. 얼마 전에는 그들 중 몇 사람과 여행을 갔다 왔다. 서로 부대끼면서 그만큼 인간적인 정이 들었기 때문이 아닌가 싶다.

삼척에서의 직장생활이 처음부터 쉬웠던 것은 아니다. 아니 그렇게 힘들 수가 없었다. 공부만 열심히 하면 아무런 문제가 없었던 학생 때와는 달리 인간관계가 무엇보다 중요해진 상황에 적응하기가 힘들었다.

나는 동양시멘트가 2년 동안 학비와 생활비를 대준 덕분에 한국과학기술원KAIST에서 산학제 학생으로 공부할 수 있었다. 물론 그 대가로 반드시 5년 동안은 동양시멘트에서 근무해야 한다는 조건이 붙었다. 도중에 그만두면 그동안 받았던 장학금을 동양시멘트에 돌려주어야만 했다.

당시에는 이런 의무 조항이 나를 옥죄었다. 마치 내가 노예와도 같다는 비참한 생각까지 들었다. 하지만 그런 의무 조항이 없었다면 나는 삼척공장에 적응하지 못한 채 뛰쳐나왔을 것이고, 이리저리 회사를 옮겨 다니며 마치 부랑자처럼 떠돌았을 가능성이 높다고 생각한다.

근무를 시작한 후 내가 가장 견디기 힘들었던 것은 바로 나를 바라보는 공장 사람들의 차가운 눈초리였다.

삼척공장 사람들이 나를 달가워하지 않았던 이유는 크게 두 가지가 있었다.

첫 번째는 내가 서울대와 KAIST를 나왔다는 데서 오는 선입견, 즉

건방질 거라는 오해 때문이었다.

당시 울산이나 포항 등지는 석유화학단지가 있어서 화학과 공학을 전공한 고학력자들이 근무하는 경우가 꽤 있었지만 동양시멘트 삼척공장은 달랐다. 시멘트 생산이 주된 업무여서 첨단기술을 전공한 고학력자를 필요로 하지 않았던 것이다. 근무 조건 자체도 그다지 좋지 않아서 삼척공장에 가려고 하는 사람도 없는 편이었다.

두 번째는 내가 당시 동양그룹 상속자의 형에게 특별 스카우트되었다는 배경 때문이었다.

사실 동양시멘트에 들어간 것은 그곳이 마음에 들어서가 아니었다. 내가 대학을 졸업할 무렵은 2차 오일쇼크의 충격이 채 가시지 않았던 때여서 석유화학 회사들이 KAIST의 산학제 장학생 수를 대폭 줄였다. 석유화학 회사는 내 전공인 화학공학과 학생들을 가장 많이 필요로 하는 곳이었다. 그 와중에 미국에서 갓 돌아온 동양그룹 상속자의 형(그는 학교 선배이기도 했다)이 학교에 찾아와 동양시멘트의 비전을 말해 주며 대우도 다른 곳보다 좋게 해주겠다고 했다.

나는 그의 말에 귀가 솔깃해졌다. KAIST 2년차 때 결혼을 한 나는 하루라도 빨리 경제적으로 안정을 찾는 것이 먼저라고 생각했다. 대우도 좋게 해준다고 하고, 어차피 유학 가기 전에 5년 동안은 어떤 회사에서든 근무해야 하지 않는가. 그곳이 동양시멘트인들 어떻겠는가, 하는 마음에 과감하게 진로를 결정했다. 그때만 해도 첫 직장이 얼마나 중요한지, 경력을 쌓는다는 의미가 무엇인지 몰랐던 것이다.

하지만 지금은 첫 직장의 중요성을 누구보다 잘 알고 있다. 미국 유학 시절에는 화학공학과의 본류(?)인 석유화학 계통을 공부했지만 한국에 돌아와서는 첫 직장에서 쌓은 경력 덕분에 경기화학에서 근무하게 되었던 것이다. 내가 담당했던 일은 시멘트와 관련된 건설화학 제품을 개발하여 사업화하는 것이었다.

그 후 경기화학을 그만두고 독립한 후에도 건설화학 제품과 관련된 사업을 하고 있다. 첫 직장인 동양시멘트에서 했던 일을 지금까지 계속하고 있는 것이다.

▧ 이석근 부장과 빈대떡

내가 처음 근무를 시작한 부서는 생산된 시멘트의 재고관리, 열효율 측정, 품질관리 등을 맡아 하는 생산관리부였다.

시멘트공장은 24시간 풀가동된다. 따라서 현장 근무자들은 3교대로 근무를 했는데 낮에만 일하는 일반 관리자들과는 달리 현장 관리자들은 밤중에도 문제가 생기면 현장에 나가야 했다. 하지만 다행히 생산관리부는 24시간 근무를 하는 것은 아니어서 현장보다는 훨씬 더 적응하기가 쉬웠다.

또 하나, 생산관리부가 좋은 점은 현장 근무자들과 부대끼지 않아도 된다는 것이다. 나 역시 몇 년 후에는 현장에 투입되었는데 현장 근무자들과 함께 일하면서 당황스러울 때가 많았다.

가장 큰 걸림돌은 나이였다. 공정에 따라 다르지만 5명~10명 정도로 구성되는 한 조의 조장이나 반장의 나이는 40~50대였다. 조원들의 평균 연령도 30대 중반은 넘었다. 반면에 나는 군대를 다녀오지 않고 바로 근무했기 때문에 서른이 채 안 된 나이였다.

그런 내가 계장 과장 대리이랍시고 그들에게 업무 지시를 해야 한다는 것이 상당히 껄끄럽게 느껴졌다. 사실 그것은 곤욕스러운 일이었다. 현장에 대해서는 현장 근무자들이 나보다 더 잘 알고 있었기 때문이었다.

생산관리부에 근무했을 때는 담당자들과 토론도 하면서 방향을 정했지만 현장에서는 그 즉시 결정을 해야 하는 일이 많아 마음속으로 큰 부담이 됐다. 내가 과연 그들의 말을 제대로 알아들었는지, 정확한 판단을 내렸는지 확신이 서질 않았던 것이다.

또 한 가지 피할 수 없는 고역은 바로 술자리였다. 현장 근무자들과 술을 마시게 되는 날에는 죽음을 각오해야만 했다. 회식을 하면 각 근무조별로 돌아가면서 술자리를 갖는다. 그때 전 근무원들이 돌아가면서 관리자인 계장과 과장에게 술을 준다. 약한 모습을 보이면 공부한 사람들은 다 저렇게 약하다고 흉을 보기도 하고, 나중에 일을 할 때 업무 지시가 먹혀들지 않아 고생을 하게 된다. 따라서 주는 술을 다 받아 마시게 되는데, 그러면 거의 초죽음 상태가 된다.

술을 조금씩 먹으면 되지 않느냐고?

모르는 소리. 현장 근무자들은 자신이 따라주는 술을 다 마시고 곧바로 잔을 돌려주지 않으면 무시당했다고 생각한다. 그들이 건네는 각각 한 잔이지만, 받는 나는 여러 잔이다. 그 많은 잔을 모두 말끔히 비워야 하기 때문에 술자리는 견디기 힘들었다. 이 같은 술자리는 아마도 현장 근무자들을 위해 마련된 듯하다. 현장 근무자들은 술자리에서나마 관리자들을 학대(?)하며 그동안 쌓인 스트레스를 풀었고, 그것이 전통(?)이 된 게 아닌가 싶다.

술 얘기가 나왔으니 말인데 술로 인한 고통은 생산관리부에서도 겪은 바 있다.

생산관리 부서를 책임지고 있는 이석근 부장은 건강 체질인 데다 술을 좋아해서 거의 매일 마셨다. 내 배경을 잘 알고 있는 이 부장으로서는 나를 데리고 다니며 함께 술을 마시는 것이 나에 대한 대접(?)이라고 생각하는 것 같았다. 나는 몹시 고통스러웠지만 말이다. 이 부장과의 술자리는 대부분 이렇게 시작된다.

퇴근 무렵. 공장에 별일이 없다는 것을 확인한 이 부장은 공장장이 부르지 않으면 나에게 와서 말을 건넨다.

"김송호 씨, 오늘 나랑 같이 술 한잔하지?"

부하 직원인 내 입장에서야 당연히 "예." 하며 따라 나설 수밖에.

차를 가지고 있는 사람이 거의 없었던 시절이라 우리는 회사의 통근버스를 타고 시내로 나갔다. 이 부장이 잘 가는 술집 이름이 '춘향

집' 아니었나 싶다. 이름만 들으면 요정 같은 거창한 술집 같지만 빈대떡을 파는 아담한 선술집이었다. 춘향집에 도착하면 이 부장은 자리에 앉기도 전에 주문부터 한다. "여기 소주 한 병에 빈대떡 한 접시 주소." 하고. 그러나 문제는 소주는 바로 나오는 반면 빈대떡은 부치는 데 10분 정도 걸린다는 것이다.

  술은 배가 고플 때 먹어야 맛있다는 이 부장의 권유로 빈속에 김치를 안주 삼아 소주를 몇 잔 마시고 나면 세상이 빙글빙글 돌기 시작했다. 빈대떡이 나오더라도 마음대로 먹을 수 없었다. 이 부장은 빈대떡을 찢어 소주 한 잔에 한 조각을 아껴서 먹고 있는데, 나만 허겁지겁 집어 먹을 수도 없는 노릇 아닌가.

  나 역시 이 부장의 마음을 모르는 바는 아니었다. 그는 타지에서 직장생활을 하는 내가 외로움을 느끼지 않도록 함께 어울리며 저녁에는 술까지 사준 것이었다. 하지만 내 입장에서는 정말 고역이 아닐 수 없었다. 원래 위가 좋지 않은 데다 KAIST에 다니는 동안 공부와 논문 때문에 스트레스를 많이 받아 위궤양이 심한 상태였다.

  그 고통을 참고 술을, 그것도 빈속에 마셔댔으니 몸이 온전할 리가 있겠는가. 결국 1년도 채 지나지 않아 나는 십이지장 출혈로 병원에 실려가는 신세가 되고 말았다.

  나는 일주일 정도 병실에 누워 있다가 퇴원하고 나서는 술을 마시지 않았다. 그런데 이상한 것은 거의 매일 술을 마실 때는 술자리가 지겨웠고 도망치고 싶었지만 한동안 술을 입에 대지 않으니 마시고 싫어지더라는 것이다. 알코올중독까지는 아니겠지만 준 알코올중독까지는 가지 않았었나 싶다.

▨ 친한 동기와의 보이지 않는 갈등

  그 후 이 부장과 함께 술을 마시는 횟수는 크게 줄어들었다. 그러나 술자리까지 줄어든 것은 아니었다. 이 부장 대신 비슷한 또래와 어울려 마셔댔기 때문이었다. 그 정도는 갈수록 심해져 밤새 퍼마시고 새벽녘에 집에 들어오기도 했다. 그만큼 아내와 싸우는 날도 늘어만 갔다.
  그때 가장 많이 어울렸던 사람이 KAIST 동기인 이정수였다. 그와 나는 처지가 비슷해서 서로 의지하며 지냈지만 바로 그 점 때문에 스트레스를 받기도 했다. 동문에다가 입사 동기였으니 비교 대상이 되는 것은 당연한 일이었던 것이다. 이정수는 외향적이고 (본인은 내성적이라고 주장하지만) 활달해서 공장 생활에 적응을 잘했다. 반면에 나는 내성적이라서 쉽게 적응하지 못했고, 윗분들은 그런 내가 공장 생활에 적합하지 않다고 판단했던 것 같다. 이정수와의 보이지 않는 갈등은 그가 먼저 계장으로 진급하면서 겉으로 드러났다.
  처음에는 이정수도 나와 함께 생산관리부에 근무했었다. 그러나 붙임성이 좋다는 이유로 그는 곧 현장에 투입되었는데, 공교롭게도 며칠 후 현장 부서 계장이 회사를 그만두자 공장장이 이정수를 계장 서리로 발령낸 것이었다. 나로서는 참으로 황당한 일이었다.

그때 내가 공장장을 직접 찾아가 따졌는지, 이 부장을 통해 항의를 했는지 자세한 상황은 기억나지 않는다. 아무튼 공장 전체가 떠들썩해질 정도로 항의를 했던 것만큼은 분명하다. 그 때문에 간부들은 긴급회의를 열었고, 나는 현장의 한 부서에 계장 서리로 가게 되었다. 그것도 이미 계장이 있는 부서에 말이다. 결국 나 때문에 졸지에 한 부서에 계장을 두 명이나 두게 되었던 것이다.

당시 계장 이상 간부들은 하얀 안전모를 쓰고 다녔고, 사원들은 노란색 안전모를 쓰고 다녔다. 나는 동기인 이정수는 하얀 안전모를 쓰고 다니는데 나만 노란 안전모를 쓰고 다녀야 한다는 사실에 자존심이 상했었다. 그 차이만 아니었더라도 내가 그렇게까지 난리를 치지는 않았을 것이다.

그 작은 차이가 월급쟁이 시절에는 왜 그렇게 커보였는지 모르겠다. 경영자가 된 후에는 직급 차이에 큰 의미를 두지 않게 되었지만 그때의 경험을 통해 직원들에게 직급으로나마 위안을 줄 수 있다면 기꺼이 그렇게 해야 한다는 생각을 하게 되었다. 실제로 나는 과장대리가 되기까지 3년 정도의 기간이 걸린다면 1년 정도 지난 시점에 주임 직급을 만들어서라도 붙여주도록 하고 있다. 하는 일은 같아도 주임 타이틀을 달고 우쭐거리는 직원들을 보면 그때의 내 생각이 나서 웃음이 나오곤 한다.

나는 그 일이 있고 나서 1년 후에 정식으로 계장이 되었고, 생산관리부로 돌아오게 되었다. 앞에서 얘기했듯이 윗분들은 내가 현장 업무에 적합하지 않다고 판단한 모양이었다. 물론 나는 그 판단을 존중한다. 내 사업을 하는 지금도 가능하면 공장을 운영하지 않으려는 이유가 바로 그 때문이다. 나는 이익이 줄어들지라도 생산은 외주업체에 맡긴다. 그 대신 제품 개발과 마케팅에 주력하고 있다.

기술자인 내가 공장을 운영하지 않고 외주업체에 일을 준다고 하면 다들 의아해한다. 하지만 나는 현장 근무자들을 다루는 데는 영 소질이 없다는 사실을, 삼척공장에서의 경험을 통해 잘 알고 있다. 공장의 한 부분에 불과한 현장조차 제대로 관리하지 못했던 사람이 어떻게 공장 전체를 관리할 수 있겠는가. 나는 공장을 운영하려면 현장 근무자들을 잘 다룰 줄 알아야 한다고 확신한다. 유능한 기술자라고 해서 누구나 공장을 운영할 수 있는 것은 아니다.

이정수는 내가 유학을 떠난 후에도 동양시멘트에 근무했다. 그는 KAIST에서 박사학위를 받고, 1990년대에 동양시멘트가 해외로 진출할 때 필리핀에 갔다. 그러다 동양시멘트가 필리핀 공장을 라파즈사로 넘기자 회사를 그곳으로 옮겼다. 그 후 프랑스에 있는 라파즈 본사에서 근무했던 그는 지금은 중국에 있는 라파즈 회사를 맡아 운영하고 있다. 원래 외국어를 잘했지만 그보다는 삼척공장에서 현장 근무자들을 다루었었던 경험이 그에게 더 큰 힘이 되지 않았나 싶다.

당시 우리와 함께 근무했던 삼척공장 기술자들 대부분이 퇴직해서 쉬고 있는데 이정수와 나는 아직도 일하고 있으니 성공한 셈 아닌가.

▨ 내 삶을 이끈 고마운 선배

나는 생산관리부로 되돌아온 후 그동안의 내 생활을 반성했다. 이제 겨우 2년밖에 지나지 않았는데 회사에 대한 불만만 키우면 갈수록 생활하기가 힘들어질 것이 뻔했다. 나는 곰곰이 생각했다. 내가 가장 잘할 수 있는 일이 무엇일까. 그것은 바로 공부였다.

마음을 고쳐잡은 나는 그때부터 시멘트 관련 책과 기술 잡지들을 읽기 시작했고, 그 내용을 정리해 보고서 형식으로 만들어 윗분들에게 올리고 현장 부서에도 돌렸다. 외국 잡지와 책도 주문해서 읽고, 좋은 논문은 해석해서 보고서를 만들었다. 더 나아가 이러한 보고서들을 바탕으로 논문을 써서 시멘트 업계에서 발행하는 기술 잡지에 보내기 시작했다. 또한 1년에 한 번 열리는 시멘트 심포지엄에 나가 매년 논문을 발표했고, 나뿐만 아니라 같은 부서 사원들도 논문을 발표할 수 있도록 도와주었다.

당시에는 각 시멘트 회사들이 서로 논문 편수를 비교하는 것으로 자존심 대결을 벌이곤 했는데 동양시멘트가 그 경쟁에서 뒤처지지 않도록 한 것이다.

내 노력은 여러 면에서 좋은 결실을 맺었다. 가장 큰 결실은 회사 내 사람들이 연구에 관심을 갖게 되었다는 것이다. 이러한 관심은 1986년에 연구소를 설립하는 계기가 되었다. 그 중심에 서 있는 것은 물론 나였다. 당시 내 직급이 과장이어서 생산관리부 부장이 연구소장을 겸직했지만, 실제적인 업무는 내가 맡아서 했다. 그 후 유학을 가는 바람에 아쉬움이 남아 있었는데 미국에서 돌아왔을 때 연구원이 100여 명에 달하고, 용인에 별도의 연구소를 둘 정도로 크게 발전된 모습을 보고 그 기틀을 내가 마련했다는 자부심을 갖게 되었다.

또 하나의 결실은 내 이름이 시멘트 업계에 널리 알려지게 되었다는 것이다. 지금도 시멘트 업계의 모임에 가면 나에게 다가와 인사를 건네는 사람이 많다. 내가 워낙 논문을 많이 발표해서 아직까지도 기억하고 있는 것이다. 단순히 기억하고 있는 정도가 아니라 시멘트 기술에 대해서는 전문가라는 인식을 하고 있다. 사실 그때 배운 시멘트 기술 관련 지식들이 건설화학 제품을 개발하고 현장에 적용하는 데 큰 밑거름이 되었다. 건설화학 제품을 개발하고 있던 경기화학 사장이 직접 나를 스카우트한 것도 나에 대한 좋은 평판 때문이 아니었나 싶다.

내가 시멘트 관련 기술을 공부하게 된 것은 서울공대 화학공학과 3년 선배인 이익상 선배 덕분이다. 정말 고마운 분이다. 내가 삼척에 내려가서 멋쩍게 사무실 문을 열고 들어섰을 때 반갑다며 악수를 청하고, 여러모로 도와준 사람이 바로 이익상 선배다. 선배는 대학에 다닐 때 불우한 가정환경을 비관해서 술을 마시고, 전동차 위에 올라가 고압선을 손으로 잡는 바람에 다리를 다쳤다. 불구가 된 자신의 모습을 아는 사람들에게 보이기 싫었던 선배는 일부러 선후배들이 없는 회사를 찾아 삼척까지 내려와 취업했다고 한다.

선배는 후유증으로 고생하다 내가 미국에 있는 동안 결국 세상을 떠났다. 한국에 있었으면 선배가 세상을 떠나기 전에 얼굴이라도 볼 수 있었을 텐데, 안타깝기만 하다.

이 선배는 참으로 명석하고 따뜻한 사람이었다. 선배를 생각하면 지금도 마음 한구석이 짠하다. 나중에 들은 이야기지만 내가 현장에 적응하지 못하고 1년이라는 시간을 보냈을 때, 생산관리부 과장이었던 선배가 적극적으로 나를 끌어당겼다고 한다.

참으로 고마운 이 선배!
지금은 천국에서 편안하게 살고 계시지요?

시멘트 공정에 대해 잠깐 설명하자면 제조원가에서 가장 많은 비중을 차지하는 것이 에너지 비용이다. 연료와 전기를 합치면 약 70~80%에 달한다. 1980년대 초까지만 해도 시멘트 공장의 연료는 벙커시유였는데, 문제는 1·2차 오일쇼크를 거치면서 원유값이 치솟아 벙커시유 가격이 폭등했다는 것이다. 당연히 시멘트 제조원가도 하늘 높은 줄 모르고 오르기 시작했다. 반면에 오일쇼크에 의한 경기

침체로 시멘트 가격은 올릴 수가 없었다. 그래서 해결책으로 제시된 것이 시멘트 제조용 연료를 벙커시유에서 석탄_{유연탄}으로 교체하는 것이었다.

지금도 마찬가지지만 원유에 비해 석탄은 공급량과 가격이 안정적이어서 이는 매우 시기적절한 선택이었다. 그러나 석탄, 즉 유연탄을 시멘트 제조용 연료로 사용하기 위해서는 아주 미세하게 분쇄해야 하는데, 이때 잘못하면 폭발할 수 있다는 문제가 있었다. 분쇄하는 과정에서뿐만 아니라 옮기거나 저장을 할 때도 주의하지 않으면 폭발할 수 있었다.

이런 석탄으로의 공정 개조 작업을 공부해 가며 진두지휘했던 사람이 바로 이익상 선배였던 것이다. 사실 나는 그때까지만 해도 시멘트 제조에 무슨 기술이 필요하냐는 생각을 하고 있었다. 그러나 선배를 따라 기술 서적들을 읽고, 실제로 적용해 가면서 학교에서 배운 것이 헛된 것이 아님을 알게 되었다. 그리고 내가 배우고 공부한 것들을 실전에 적용할 수 있다는 확신을 갖게 되었다.

이익상 선배가 회사를 그만두고 서울로 올라간 후에는 내가 여러 공정 개선 작업을 맡아 진행하게 되었다. 그러다 보니 공장 내에서 공정을 개선할 일이 생기면 나에게 업무를 맡겼다. 덕분에 동기인 이정수와도 확실한 차별화가 이루어졌다.

내가 이렇게 자리를 잡자 이정수가 오히려 나를 부러워했다. 자신은 낮에는 현장 근무자들과 부대끼고, 공장에 문제가 생기면 밤에도 나가지만 칭찬보다는 야단을 맞을 때가 많은 반면에 나는 쉴 거 다 쉬면서도 생색나는 일을 한다는 것이었다.

지금 생각해 보면 그것이 나만의 차별화전략이었던 같다. 사실 동기인 이정수의 장점만 보고, 따라 하려고 했을 때는 도저히 그를 따라갈 수 없었다. 하지만 나에게 나만의 특별한 능력이 있다는 것을 알고, 내가 잘할 수 있는 길을 개척하면서부터는 일이 즐거워지기 시작했고, 주위 사람들에게 인정도 받을 수 있었던 것이다. 물론 그 와중에 이익상 선배 같은 분의 도움을 받을 수 있었다는 것도 내게는 큰 행운이었다.

■ 나 때문에 고생 많았던 권오규 공장장

삼척공장에서의 일을 생각하면 반드시 떠오르는 분이 있다. 바로 권오규 공장장이다. 내가 미국에서 돌아올 무렵 부사장을 지내고 정년퇴임을 했는데, 그 2년 후에 돌아가셨다는 소식을 들었다. 돌아가시기 전에 찾아뵙지 못한 것이 못내 아쉽다. 나 때문에 고생을 많이 하신 분이어서 그저 죄송하고 미안한 마음뿐이다.

내가 입사할 때부터 공장장이셨던 권 공장장은 전무급으로 평사원인 나와는 직급상으로도 엄청나게 차이가 났고, 연세도 아버지와 비숫했다. 그런데도 내가 한 번씩 공장에 회오리바람을 일으킬 때마다 수습하느라 엄청나게 애쓰셨다.

첫 사건은 내가 첫 월급을 받은 날에 일어났다. 1981년 3월에 삼척공장으로 내려가도록 되어 있었던 나는 1980년 11월에 석사학위 논문도 통과되고, 기말시험도 모두 치른 터라 서울에 남아 있는 것보다는 삼척공장에 내려가는 편이 낫겠다는 판단을 했다. 첫 애가 태어난 지 4개월이 지나 넓은 아파트도 제공받고, 하루라도 빨리 월급을 받고 싶었던 것이다. 그런데 그 월급이 문제였다.

당시 신입사원 월급은 20만 원이 조금 넘었다. 따라서 나 역시 그 정도는 받을 거라고 생각했다. 하지만 첫 월급봉투를 열어보니 14만 원만 들어 있었다. 내가 학생이었을 때 받았던 장학금이 14만 원이었다. 화가 난 나는 다짜고짜 인사과를 찾아가 계장 책상 위에 내 월급봉투를 집어 던지며 항의했다. 그 일은 곧바로 관리부장을 거쳐 권 공장장에게 보고가 됐다.

권 공장장은 본사와 협의한 후 모자라는 금액을 채워서 나에게 건네주었다. 지금 생각하면 낯 뜨거운 일이었지만, 나로서는 특별 스카우트된 지위(?)를 유감없이 발휘한 셈이었다.

또 다른 대형사건으로는 1986년 6월에 차를 샀던 것을 들 수 있다. 내가 차를 사자 회사에서 난리가 났다고 한다. 서울에서는 자가용이 급격히 늘어나고 있었지만 삼척공장에는 공장장과 부공장장, 생산관리 부서장인 이 부장만이 차를 가지고 있었다. 사실 다른 사람들도 자가용을 사고 싶었지만, 윗분들 눈치를 살피느라 차를 사지 못하고 있었다. 그런 상황에서 내가 과감히 현대 프레스토를 샀던 것이다. 권 공장장 차는 중형급인 대우 로열프린스였지만, 부공장장과 이 부장의 차는 포니였으니 공장 안이 떠들썩해진 것도 무리는 아니었다. 프레스토는 포니보다 급이 한 단계 높았던 것이다.

나중에 들은 얘기지만 공장에서는 중역회의까지 열어 내가 차를 구입한 일을 어떻게 처리해야 하는지 논의했었다고 한다. 물론 권 공장장이 나서서 더 이상 문제를 크게 만들지 말자고 막아주신 덕분에 내가 상황이 얼마나 심각한지 모르고 지나가긴 했지만 말이다.

이처럼 내가 크고 작은 사건을 일으킬 때마다 권 공장장은 본사로부터 부하 직원을 어떻게 관리하느냐는 추궁을 당할까 봐 전전긍긍하셨을 것이다. 나를 스카우트했던 상속자(현재 회장) 형의 눈치를 보지 않을 수 없으니 얼마나 마음을 졸였을까. 생각하면 너무나 죄송하다.

당시 사회 초년생이었던 나는 공장장이면 권한이 막강할 거라고 생각했었고, 공장 운영에 불만이 있을 때마다 권 공장장을 비난하곤 했다. 그러나 유학을 다녀온 후 경기화학에서 중역으로 일하고, 계열사 사장도 하면서 월급쟁이 중역이 생각보다 힘이 많지 않다는 사실을 알게 되었다. 또한 나의 철없는 행동을 참고 견뎌야 했던 권 공장장의 심정을 조금이나마 이해하게 되었다.

▩ 대한민국 만세, 영원히!

   직급으로는 부하 직원이었지만 나이는 50대였던 전씨도 잊을 수 없는 사람 중 한 명이다. 전씨는 생산관리부의 필경사였다. 당시에는 컴퓨터나 워드프로세서가 없었기 때문에 모든 결재 서류는 손으로 작성해야 했다. 또 회의 때는 브리핑 자료를 전지에 매직펜으로 써서 차트를 만들어 보고를 했기 때문에 생산관리부에서는 전문적으로 글씨만 쓰는 필경사를 두었다.

   그분을 생각하면 가장 먼저 떠오르는 것이 7명이나 되는 그의 자식들이다. 그분은 자식들의 이름에 '대한민국 만세, 영원히!'를 붙여서 영대, 영한, 영민, 영국, 영만, 영세, 영영으로 지었다고 한다. 그러면서 "사실은 '대한민국 만세'까지만 하려고 했는데 한 명이 더 태어나는 바람에 두 명을 더 나아서 '영원히'를 붙이려고 했지만 결국 '영'으로 끝나고 말았다."는 농담을 하곤 했다.

   보고를 해야 하는 일이 많았던 나는 필경사에게 자주 도움을 청했다. 부서 내 다른 사람들의 보고서도 써야 하고, 위에서 지시한 차트도 만들어야 하는 필경사는 좀처럼 내 부탁을 들어주지 않았다. 아무리 급하다고 사정해도 들어온 순서대로 일을 처리했다. 나중에 들은 이야기인데 당시 필경사는 아니꼽게 행동하는 나를 골탕 먹이려고 일부러 내 부탁을 뒤로 미루었다고 한다.

사원 시절에는 필경사뿐만 아니라 재고관리 담당자와 현장 공정 측정 담당자와의 관계도 상당히 껄끄러웠다. 전문대 출신인 두 사람은 같은 사원이지만 내가 자신들보다 학력이 높고, 하는 일도 윗급이어서 경계를 했던 것 같다. 사실 생산관리부에 근무하는, 간부를 제외한 평사원들은 대부분 전문대나 고졸 출신이었다. 주 업무가 현장에서 기계의 운전 데이터를 정리하거나 재고를 관리하는 반복적인 일들이었기 때문이다.

당시 내가 맡은 업무 역시 현장 공정 측정이었다. 그 일을 하기 위해서는 반드시 두 사람에게 도움을 받아야 했다. 필요한 장비를 들고 가려면 팀을 짜서 움직여야 했던 것이다. 그러나 두 사람의 협조를 받아내는 일은 쉽지 않았다. 나름대로 맡은 일이 있었던 그들은 쉽게 내 부탁을 들어주지 않았다. 내가 눈치를 보며 사정을 해야 마지못해 따라 나섰다. 나로서는 상당히 불편한 상황이었다.

그들과 친해지려면 내가 먼저 마음을 열고 다가가는 수밖에 없었다. 나는 그들을 우리 집으로 초대해서 저녁 식사를 함께하기도 했고, 필경사의 아내가 하는 시장 안에 있는 허름한 선술집에서 함께 술을 마시기도 했다. 여름에는 그들과 어울려 바닷가로, 개울가로 놀러 다니기도 했다. 그러다 보니 우리는 차츰 서로의 입장을 이해하게 되었다. 굳게 닫혀 있던 마음의 문이 열린 것이다.

필경사는 물론 두 사람도 전문대 출신이라 간부가 되는 것은 거의 불가능한 일이었다. 필경사는 나이가 많아 그렇다 치고 두 사람은 비숫한 나이에 특별 채용되어 승승장구(?)하고 있는 내가 얼마나 부러웠겠는가. 얼마나 속이 쓰렸겠는가. 오히려 내가 미안해졌다.

내가 그들로 인해 마음고생을 한 것은 1년 정도밖에 되지 않는다. 그 후에는 얼굴 붉히는 일이 없이 잘 지냈다.

▦ 나로 인해 벌어진 일대 소란

부하 직원 중에서 기억나는 사람이 또 한 명 있다. 내가 연구소 업무를 담당할 때 품질관리실에서 뽑아온 김홍기다. 전문대 출신인 그는 부리부리한 눈에 남자다운 호탕한 성격의 소유자였다. 연구소의 일은 여타 부서의 업무와는 달리 반복되지 않는다. 수시로 생산 공정에서 샘플을 채취하여 분석해야 하고, 콘크리트 실험을 위해 중노동도 해야 했다. 그 일을 김홍기는 군말 없이 정말 성실하게 해냈다. 마음에 들었다. 1년 정도 후에는 그의 성실함에 반해 인간적으로 아주 친하게 지냈다. 사원인 그는 나이는 비슷했지만 과장인 나를 깍듯이 대했고, 일도 잘하니 사이가 좋아질 수밖에.

문제는 엉뚱한 데서 터졌다. 당시 연구소장은 생산관리 부서장인 이근길 부장이 형식적으로 겸직하고 있었다. 내가 모셨던 이석근 부장은 현장으로 발령이 나서 나가 있었다. 이 부장이 왜 현장 발령이

났는지는 모른다. 나는 내 인사 발령도 그날 아침에야 알 정도로 회사 돌아가는 사정에 대해서는 둔감한 편이었다. 당연히 이근길 부장이 공장의 부서장 회의 때 나에 대해 좋지 않은 이야기를 했다는 사실도 모르고 있었다. 그런데 김홍기가 그 말을 들은 모양이었다.

이근길 부장은 인천에 살고 있는 식구들과 떨어져 공장 사택에서 혼자 살았다. 나도 사택에 살았고, 삼척이 고향인 김홍기는 자기 집에서 살았다.

하루는 퇴근해서 집에서 쉬고 있는데 누군가가 온 동네가 떠나가도록 소란을 피웠다. 나가 보니 김홍기가 이근길 부장 집 현관문을 발로 차면서 나오라고 고래고래 고함을 지르고 있는 것이 아닌가.

다행히 이근길 부장은 집에 없었다. 깜짝 놀란 나는 달려 나가 그를 붙잡고 끌어내려 했다. 김홍기는 술이 많이 취해 몸도 제대로 가누지 못했다. 하지만 얼마나 힘이 센지 좀처럼 끌려 나오지 않았다. 나는 진땀을 흘리면서 간신히 그를 끌어내 내 차에 태우고 그의 집으로 갔다.

그는 차 안에서 혀 꼬부라진 소리로 말했다.

"과장님, 이근길이 그놈 나쁜 놈입니다. 그놈이 우리 과장님 욕을 하고 다닌단 말입니다. 그거 모르셨죠?'

그럼 이 소란이 모두 나 때문에 일어난 일이란 말인가? 참으로 난감했다. 상관에게 대놓고 욕을 한 김홍기를 그대로 놔둘 수도 없고, 나를 위해 소란을 피운 그를 내칠 수도 없었던 것이다.

김홍기에 대한 징계 절차는 내 뜻과는 상관없이 진행되었다. 나는 그가 얼마나 성실한지 알리며 열심히 그를 변호했다. 다행히 나의 적극적인 호소와 술 마시고 피운 소란은 어느 정도 묵과하던 당시의 분위기 덕분에 그는 근처 레미콘 공장으로 발령이 났다. 마침 그 레미콘 공장이 연구소 옆에 있어서 그와는 자주 만나 이야기를 나눴다. 김홍기는 그때의 충격 때문이었는지 아니면 내 얘기 때문인지 모르지만 술을 완전히 끊고 성실히 일만 했다. 뿐만 아니라 대학에 편입해서 학사 과정도 마쳤다. 내가 유학을 마치고 돌아와 보니 김홍기는 레미콘 기술자로 높은 평가를 받아 공장장이 되어 있었다.

　나는 최근 그가 근무하는 공장을 찾아가 함께 점심 식사를 했다. 여전히 순수한 미소로 나를 반기는 그. 열정적으로 일하고 있는 그의 모습이 참으로 보기 좋았다. 공장 직원들이 '공장장님' 하며 그를 부르는 소리도 듣기 좋았다. 김홍기는 식사를 하면서 그때 나에게 자극을 받아 공부할 결심을 하게 되고, 일도 더 열심히 해서 공장장이 될 수 있었다고 수줍게 말했다. 나는 그의 말에 살짝 감동까지 먹었다.

　김홍기가 못마땅하게 생각했던 이근길 부장은 사실 나와 가장 가깝게 지냈던 사람이었다. 이 부장은 내가 현장에 갔다가 1년 만에 생산관리부로 돌아온 이후 줄곧 내 상사로 근무했었다. 나는 밤늦게까지 술을 마셔도 뭐라고 할 사람이 없는 외로운 처지의 이 부장과 자주 어울려 술을 마셨다. 그러다 보니 귀가 시간이 늦어져 내 아내는 이 부장을 몹시 싫어했다. 당시 삼척에는 통금이 있었기 때문에 12시가 넘으면 이 부장의 포니를 타고 통금이 없던 동해시에 가서 술을 마시다 새벽 4시에 삼척으로 돌아오는 경우도 꽤 있었다. 대리운전도 없던 시절이라 음주운전을 하고 다녔는데, 돌이켜 보면 정말 철없는 행동이었다. 목숨이 붙어 있는 것이 다행이라는 생각이 든다.

아무튼 나와 친하게 지내던 이 부장이 도대체 무슨 말을 했기에 김홍기가 술이 취해서 그의 집 현관문을 발로 걷어찼는지 나는 아직도 모른다. 알고 싶지도 않다. 나이로 보나 직급으로 보나 훨씬 위인 이 부장의 입장에서는 연구소를 실질적으로 맡아 운영하고 있는 내가 부러워서, 질투가 나서 그런 것인지도 모른다. 연구원들이 연구소장인 이 부장의 존재 자체를 인정하지 않는 분위기라 더 마음이 상했을 수도 있다.

이 부장은 연구소를 공장처럼 운영하려 했었고, 나는 연구소답게 운영하려 했었다. 그 때문에 갈등이 일어났고, 이 부장은 나에 대해 불만을 갖게 되었을 것이다. 내 딴에는 이근길 부장의 비위를 맞추려고 노력했던 것은 사실이다. 하지만 인원을 새로 뽑거나 연구 기자재를 구입하는 등 실제적인 일은 내가 다 했고, 이근길 부장은 형식적으로 승인만 해주는 입장이었다. 나에 대해 좋지 않은 감정이 생긴 것은 어쩌면 당연한 일인지도 모른다. 그때 좀 더 이 부장 입장에서 생각해 보지 않았던 것이 미안하다.

▩ 소중한 추억이 현실로 이어지는 삼척

좌충우돌. 삼척공장에서의 초창기 내 생활을 표현하는 데 가장 알맞은 단어일 것이다. 나 나름대로도 힘들었었지만, 권 공장장, 이석근 부장을 비롯한 주위 사람들도 좌충우돌하는 나 때문에 고생을 많이 했을 것이다. 지금 돌이켜보면 너무 부끄럽고, 모두에게 미안한 마음뿐이다. 그러나 나는 이런 힘든 과정을 거치면서 사회인으로, 직장인으로 다듬어졌다. 주위 사람들과 부대끼면서 나를 둥글게 다듬어나간 것은 아닐까.

물론 힘들었던 기억만 있는 것은 아니다. 삼척은 돌도 되기 전에 데리고 내려간 큰 애와 삼척에서 태어난 둘째와 더불어 젊은 시절을 보낸 곳, 아름다운 추억이 깃들어 있는 곳이기도 하다. 제주도가 고향인 나는 고등학교를 졸업할 때까지 제주에서 살았다. 하지만 제주에서의 추억은 별로 없다. 집에서 학교를 왔다 갔다 했던 기억만 있을 뿐이다.

가장 오래 살았고, 살고 있는 서울도 추억이 없기는 마찬가지다. 신혼 시절 단칸방에서 힘들게 살았던 기억만 떠오를 뿐이다. 그러나 삼척은 다르다. 삼척을 생각하면 고생했던 기억과 함께 여름에 맑은 계곡에서 천렵을 하던 기억, 해수욕장에서 보낸 시간들, 차를 산 후 2년 동안 강원도 구석구석을 돌아다니며 눈과 마음에 담았던 풍경들이 떠오른다. 내 마음속에서 삼척은 매우 소중한 곳으로 자리 잡고 있는 것이다.

지금도 삼척공장에서 기쁨과 슬픔, 고통을 같이했던 선후배, 동료 기술자들과는 자주 연락을 주고받는다. 자녀 결혼 등 경조사가 있는 날에는 한데 모여 옛날 추억을 더듬으며 수다를 떨기도 한다. 그러나 안타깝게도 나와 같이 근무했던 기술자들 대부분은 퇴직해서 쉬거나 다른 일을 하고 있다. 그들이 고생했던 옛날을 생각하면 현재 세상 밖으로 밀려나 있는 그들의 처지가 한없이 안타깝다.

그들이 잘못한 죄(?)라고는 그저 열심히 일한 것밖에 없다. 그런 그들이 의미 없는 존재로 지내야만 한다는 사실이 나를 화나게 한다. 내가 갈수록 목청 높여 기술자들이 변해야 한다고 외치는 것도 그 때문인지 모른다. 변한 세상을 원망한들 무슨 소용이 있는가. 나는 그들이 처해 있는 현실을 보며 기술자들이 세상보다 앞서 변해야 한다는 사실을 뼈저리게 느낀다.

당시 삼척공장에 근무하던 고위 간부들은 모임을 만들어 정기적으로 모인다고 한다. 하지만 나는 비교적 일찍 삼척을 떠났고, 고위 간부가 되지 못했기 때문에 그 모임에 끼지는 못하고 있다. 그렇더라도 개별적으로 연락해서 만나고, 경조사에는 빠짐없이 참여할 생각이다. 그들은 모자랐던 나를 변화시키려고 애썼던 분들이어서 더욱 소중하고 애틋하다. 이미 세상을 떠났거나 연세가 너무 많아 만나기 힘든 분들이야 어쩔 수 없지만, 연락이 닿는 사람들과는 소중한 인연을 계속 이어가고 싶다.

　몇 달 전에는 나와 동양시멘트에 남아 있는 동료, 그리고 퇴직한 선후배 등 네 명이 베이징으로 이정수를 만나러 갔었다. 2박 3일 동안 삼척공장의 추억을 떠올리며 마음껏 떠들었던 좋은 시간이었다. 삼척에서의 소중한 추억을 잊지 않으려면 이 같은 기회를 자주 만들어야겠다는 생각을 오늘도 해본다.

나는
인맥이다

이숙영

‖‖

나는 사람을 잘 믿는 편이다. 그래서 때로는 자잘한 거짓말에 속아 넘어가는 경우도 있지만 그래도 여전히 사람을 잘 믿는다. 만약 나에게 다가오는 사람 모두를 색안경을 끼고 바라본다면 삶이 얼마나 삭막해지겠는가! 나는 아직도 세상은 살 만하고, 나쁜 사람들보다는 좋은 사람들이 많다는 것에 한 표를 던진다.

‖‖

▨ 고마운 사람보다는 필요한 사람이 되자

2004년 11월 HR코리아에서 직장인 1,122명을 대상으로 '인맥인적 네트워크 하면 어떤 이미지가 떠오르는가?'라는 설문조사를 실시했다. 그 결과 학연·혈연·낙하산·파벌·아부 등의 부정적인 이미지가 57%, 능력·인생보험·상부상조의 긍정적인 이미지가 32%, 기타 11%로 나왔다. 직장인들이 인맥에 대해 긍정적인 생각보다는 부정적인 생각을 갖고 있다는 것을 알 수 있는 설문조사였다. 그러나 과연 인맥은 부정적인 것일까?

결론부터 말하면 인맥은 긍정적이다. 갈수록 인맥은 더욱더 중요해질 것이다. 그 단적인 이유는 다음과 같다.

첫째, 치열해지는 경쟁과 비슷해지는 상품의 질과 서비스, 가격 때문이다.

둘째, 나날이 늘어나는 고객들의 요구와 줄어드는 인내심 때문이다.

예를 들어 당신이 보험을 든다고 가정해 보자. 여러 회사의 가격, 상품의 내용, 서비스 등이 비슷하다면 아마 좀 더 친한 사람에게 보험을 들 것이다. 식당을 갈 때도 마찬가지다. 맛에 큰 차이를 보이지 않는다면 좀 더 친절하고 아는 단골집을 찾아가게 된다. 이는 보험이나 식당뿐 아니라 모든 상품에 해당되며, 바로 인맥이 중요해지는 이유이기도 하다.

여기서 말하는 인맥이란 혈연, 학연 등으로 뭉친 닫힌 인맥이 아니라 사람과 사람을 연결하거나 아이디어와 연결하는 '열린 인맥'을 의미한다. 인적 네트워크는 뭔가를 필요로 하는 사람이 그러한 자료를 가지고 있는 사람과 사회적 친분을 유지하는 것에서 시작되는 것이다.

성공하기 위해서는 인맥을 잘 관리해야 하는데, 이는 사람을 관리하는 것이 아니라 '인간관계'를 관리한다는 뜻이다. 그렇다면 인맥을 잘 유지하기 위해서 나는 어떤 사람이 되어야 할까?

내가 마음을 열고 호의를 베풀면 상대에게 고마운 사람으로 남을 수 있다. 그러나 상대에게 필요한 사람이 되려면 그와의 관계를 오랫동안 지속시킬 수 있는 강력한 힘이 있어야 한다.

인맥이 되기 위해서는 지속적인 만남이 이루어져야 하는데, 그것을 가능하게 해주는 것은 고마움보다는 서로에 대한 '필요'이다.

나의 진정한 인맥은 누구인가? 내 삶과 밀접하게 연관되어 있는 협력자는 누구이며, 또 나의 성공을 도와주는, 나를 배신하지 않을 지지자는 누구인가?

그저 알고 있는 사람들이 많다고 해서 내 인맥이 넓다고 말할 수는 없다. 진정한 인맥이란 오래 알고 지낸 사이가 아니다. '얼마나 (가슴으로) 깊이 있게 알고 있는가?'가 훨씬 더 중요하다. 다시 말해, 진정한 인맥이냐 아니냐는 시간의 길이가 아니라 가슴의 깊이로 결정되는데, 정서적 신뢰가 바탕이 된 정서 중심의 인맥이야말로 (밀접한 관계로) 강한 연결망을 갖게 된다.

정성과 믿음으로 맺어진 인연

5년 전쯤, 대구의 한 대학에서 1년간 수업을 진행할 때의 일이다. 지방에서 하는 수업이라 매일 다닐 수가 없어서 나는 8시간 강의를 하루에 몰아서 진행했다. 점심시간과 저녁시간을 빼고는 아침 10시부터 오후 8시 너머까지 계속 수업이 있었던 셈이다. 당시 저녁 식사 이후, 6시 40분부터 시작하는 수업을 듣는 학생들은 사회생활을 하는 직장인들과 기업주들이 대부분이었다. 그중 한 분에 대한 이야기를 하려 한다.

다행히도 그때 나를 초빙한 교수님이 시간강사의 설움을 잘 알고 계셔서 나에게 자신의 교수실을 사용하라고 내주신 덕분에 조금은 편하게 지낼 수 있었다. 나는 점심은 다른 교수님들과 같이 먹고 저녁은 교수실에서 혼자 시켜먹으면서 잠깐이나마 쉴 수 있는 여유를 가졌다.

그러던 어느 날 오후, 내 수업을 들으시는 모 기업의 사장님이 전화를 걸어 저녁 식사를 같이하자고 했다. 때마침 자장면을 시켜놓은 상태라 나는 그분에게 교수실로 오라고 했고, 그분은 음료수를 사들고 오셨다.

그분은 내가 자장면을 시켜먹는 게 마음에 걸리셨는지 그날 이후 5시 20분쯤이면 미리 기다리고 있다가 나를 자신의 차에 태우고 학교 근처 음식점으로 데려가 저녁을 사주시곤 했다. 그리고 오후 수업이 끝나면 기차역까지 항상 차로 바래다주셨다.

물론 한두 번은 감사의 뜻으로 그렇게 해줄 수 있다. 하지만 그분은 여느 사람과 달랐다. 한 학기는 내 수업을 들었으니 그렇다 치더라도 수업을 듣지 않았던 나머지 한 학기도 지극정성으로 똑같이 대해주셨다. 그런 인연으로 인해 그분은 지금도 가끔 서로 연락하고 지내는 소중한 인맥이 되었다. 그분의 정성과 세심한 배려를 생각하면 여전히 감동스럽다.

당시 하루에 8시간 이상 강의를 했던 나는 집으로 돌아오는 기차 안에서는 어김없이 파김치가 되어 대부분은 타자마자 잠을 잤었다.

그런데 어느 날은 내 옆에 앉은 분이 계속 나에게 말을 걸었다.

"무슨 일을 하는 분인가요?"

"네?"

"많이 피곤해 보이시네요."

"아… 네…."

귀찮기는 했지만 그분이 나에게 호감을 가지고 있다는 것을 느낄 수 있었고, 사람이 나빠 보이지는 않아서 내가 하는 일을 간단히 소개하면서 명함을 건네주었다. 그리고 내 홈페이지 www.newlife4u.co.kr를 방문해 보라고 권했다. 그분은 대전의 대덕연구단지에 근무하는 연구원이라고 했다.

그분은 다음 날 내 홈페이지를 방문해 글을 남겼고, 집 앞까지 찾아오는 정성을 보였다. 그때가 마침 밸런타인데이라 초콜릿과 꽃을 들고 찾아왔던 것으로 기억된다. 그런 인연으로 그분은 내가 주최하는 세미나에도 참석했고, 종종 전화를 걸어 안부를 묻기도 했다.

거기다 그분은 회사 일 때문에 싱가포르에 3년 정도 나가 있었는데 그동안도 계속 연락을 끊지 않는 정성을 보여주었다. 물론 그분은 귀국해서 예전처럼 대전 대덕연구단지에서 근무하고 있다. 지금 현재, 그분 역시 나를 지지하고 따르는 좋은 인연으로 남아 있다.

나는 사람을 잘 믿는 편이다. 그래서 때로는 자잘한 거짓말에 속아 넘어가는 경우도 있지만 그래도 여전히 사람을 잘 믿는다. 만약 나에게 다가오는 사람 모두를 색안경을 끼고 바라본다면 삶이 얼마나 삭막해지겠는가! 나는 아직도 세상은 살 만하고, 나쁜 사람들보다는 좋은 사람들이 많다는 것에 한 표를 던진다.

상대를 배려하는 마음

나는 KTX를 자주 이용하는데 그때마다 여기저기서 울려대는 휴대전화 소리 때문에 스트레스를 받는다. 계속 나오는, 다른 사람들을 위해 휴대전화는 진동으로 해주시고, 옆 사람과는 조용한 목소리로 대화를 나누시고, 아이와 동승한 부모님은 아이들이 시끄럽게 떠들거나 장난치지 못하도록 해달라는 안내 방송도 별 효과가 없는 듯하다.

문자 메시지 역시 진동 모드로 바꿔놓고 보내면 좋으련만 꾹꾹 자판을 눌러대는 효과음 소리가 여간 신경에 거슬리는 게 아니다. 어떤 사람은 옆 사람뿐만 아니라 주위 사람들까지 무슨 내용인지 다 알아들을 수 있을 정도로 큰 소리로 길게 통화를 하곤 한다. 그러고도 미안해하는 기색이 전혀 없다. 창피해하는 기색도 없다.

운이 좋지 않는 날에는 큰 소리로 전화하는 사람들뿐만 아니라 이어폰을 끼지 않은 채 노트북으로 영화를 보는 사람, 끊임없이 부스럭거리며 과자를 먹는 사람들까지도 만나게 된다. 심지어는 기차 안이 안방인 듯 양말을 벗고 발톱을 깎는 사람을 본 적도 있었다.

소리에 민감한 나로서는 정말 지옥 같은 시간이 아닐 수 없다. 그럼에도 불구하고 기차를 애용하는 이유는 어느 교통수단보다도 도착

시간을 예측할 수 있고, 낭만과 여유로움을 느낄 수 있기 때문이다. 커다란 창문을 통해 보이는 여러 풍경들은 그 자체로 즐거움이고 설렘이다.

가끔 일 관계로 만난 상대를 앞에 둔 채 계속 다른 사람과 전화통화를 해대는 이들을 볼 수 있다. 나에게도 그런 경험이 있는데 매우 불쾌했던 기억으로 남아 있다. 물론 중요한 전화가 걸려와 어쩔 수 없이 전화통화를 할 수는 있다. 그럴 때는 상대에게 양해를 구하는 말 한마디는 해야 할 것이다. 그리고 가능한 한 짧게 통화하는 것이 상대에 대한 기본적인 예의가 아닐까.

때에 따라서는 급하게 자기 쪽에서 누군가에게 전화를 걸어야 할 경우가 생기기도 한다. 그럴 때는 상대를 앞에 놓고 통화하기보다는 상대가 화장실에 간 사이라든가, 아니면 화장실에 가는 척하면서 그 자리를 피해 통화하는 것이 상대를 존중하는 예의바른 행동이다. 본인에게는 중요하고 즐거운 통화일 수 있겠지만, 상대에게는 소음이 될 수도 있기 때문이다.

그렇다면 상대를 앞에 둔 채 누군가와 길게 통화하는 이유는 무엇일까. 크게 네 가지로 구분해 볼 수 있을 것이다.

첫째, 정말 급한 용무가 있기 때문이다.
둘째, 내 앞에 있는 상대에게 당신이 나에게는 별로 중요하지 않다는 무언의 암시를 주기 위해서다.

셋째, 내 앞에 있는 상대가 그만큼 편안해서다.

넷째, 일부러 앞에 있는 상대에게 자신의 위상을 알리기 위함이다.

우리는 정말 중요한 사람이 앞에 있다면 휴대전화를 끄거나 전화벨이 울려도 받지 않는 경향이 있다. 받더라도 "내가 나중에 전화할게."라고 짧게 말하고 끊는다.

물론 위에 언급한 네 가지 말고도 다른 이유가 있을 수 있다. 허나, 어떤 이유에서든 내 앞에 있는 상대가 길게 통화하고 있는 모습을 바라보고 있어야 하는 건 그리 유쾌하지 않은 일이다. 적어도 누군가와 약속을 했으면 그 시간만큼은 상대에게 충실한 모습을 보여주는 것도 하나의 에티켓이고, 상대를 배려하는 마음이 아닐까. 그런 작은 배려에서부터 서로에 대한 신뢰는 점점 돈독해져간다. 어찌 보면 아주 사소한 이야기일 수 있지만, 사소한 배려에 감사하고 사소한 것에 마음 상하는 것이 우리들이기 때문이다.

예전에 한 회사의 대표님을 부산에서 만날 일이 있었다. 그는 나를 만나기 전에 약속이 있었고, 만나고 있던 분들께는 이미 나와 만날 약속이 되어 있다는 얘기를 했다고 한다. 하지만 내가 도착한 뒤에도 대표님과 만나고 있던 분들은 자리에서 일어설 기미를 전혀 보이지 않았다. 그렇게 1시간 정도가 흘렀다.

그날 대표님은 일정상 오후 6시 비행기를 타고 서울에 올라가야만 했고, 그 스케줄에 맞춰 약속을 잡아놓은 상태여서 이대로 가다가는 둘만의 시간을 확보할 수가 없었다. 친목이 아닌 비즈니스 관계로 만나는 자리였기 때문에 나는 순간 재치를 발휘해 대표님을 공항까지 모셔다드리겠다고 말했다. 대표님은 흔쾌히 좋다고 대답했고, 나는 결국 공항까지 가는 차 안에서 대표님과 대화를 나눌 수 있었다.

물론 대표님과 자리를 함께한 분들이 나쁜 마음으로 계속 남아 있었다는 느낌은 들지 않았다. 오히려 그분들과 함께한 자리는 매우 유익했다. 하지만 다음 약속 상대인 나를 생각했다면 자리를 비켜주었어야 했다. 계속 자신들의 이야기를 하기보다는 함께 머물러도 괜찮은지 나에게 먼저 물었어야 했다. 비즈니스 관계에서는 마음씨 좋은 사람보다는 상황을 적절히 파악할 줄 아는 센스 있는 사람이 더 우대받는 것이 아닌가 싶다.

섬세한 관심

사천에 있는 공군훈련비행단에 강연 갔을 때의 일이다.

쉽게 접할 수 없는 군 조직이어서 두려움 반, 설렘 반인 마음으로 출발을 했다. 참 기분 좋은 출발이 아닐 수 없었다. 두려움과 설렘은 나를 살아 있게 만드는 힘이기 때문이다.

사천 IC에 도착한 나는 마중 나온 젊은 장병들의 에스코트를 받으며 부대로 갔고, 예정된 일정대로 단장님과 만났다. 강연을 가게 되면 그 조직의 우두머리(?)를 만나는 것은 아주 자연스러운 일이었다.

단장님은 반갑게 나를 맞이하시며 얼마 전에 내 홈페이지를 방문했다고 말씀하셨다. 반가웠다. 보통의 조직에서는 교육담당에게 보고만 듣지 강의하는 사람의 홈페이지를 직접 방문해서 훑어보는 경우가 드물기 때문에 더더욱 반가웠다. 방문을 하더라도 대부분 대충 훑어보고 마는데 단장님은 내가 쓴 칼럼에 대해서도 이야기하셨다.

처음에는 한 꼭지 정도 읽으셨나 보다, 생각했다. 하지만 내 예상은 빗나갔다. 단장님은 줄줄이 칼럼 내용에 대해 말씀하셨다. 정말이지 대단한 관심이고 배려였다. 신이 났다. 그렇다. 사람은 누군가에게 관심과 사랑을 받고 있다고 느낄 때 신이 난다. 더 잘하고 싶은 마음이 저절로 생긴다. 그 상대가 멋있어 보이기까지 한다.

비즈니스는 기계가 아닌 사람이 하는 일이다. 그렇기에 성공적인 비즈니스를 위해서도 서로 마음을 주고받는 일은 매우 중요하다. 사람과의 관계는 보상만으로는 지속적으로 유지되기 힘들다. 상대에게 관심을 갖고 배려하는 마음을 가질 때, 그리고 그 바탕 위에서 보상이 이루어질 때 상대는 당신의 충성스런 심복이 될 것이다.

강연을 마치고 단장님을 포함한 각 부서장들과 저녁 식사를 하면서 이런저런 이야기를 나눴다. 그러면서 새롭게 알게 된 그들의 문화는 나에게 작은 충격과 함께 즐거움을 주었다.

첫 번째 신선한 충격은 소주를 언더락으로 마신다는 것이었다. 양주를 언더락으로 마시는 건 많이 봤지만, 얼음에 소주를 부어서 마시는 것은 처음 봤다. 마셔 보니 순하기도 한 것이 꽤 괜찮은 방법이란 생각이 들었다. 술을 잘 먹지 못하는 사람은 사이다를 부어서 마시기도 했다. 폭탄주니 원샷이니 자신의 의지와는 상관없이 다른 사람들과 똑같이 마셔야 하는 술 문화와는 사뭇 비교가 되었다.

두 번째 신선한 충격은 건배를 한 후에는 모두들 박수를 친다는 것이었다. 한 모금 마시고 잔을 내려놓은 나는 순간 당황스러웠다. 하지만 재미있었다. 잔을 비우고 나서 잠깐의 침묵을 몸에 좋은 박수로 대신하는 것이다. 이런 것을 일석이조라 했던가!

'군 조직은 딱딱하고 경직되어 있을 것이다.' 라는 나의 편견을 깨기에 충분한 경험이었다. 그때 만났던 사람들은 나의 소중한 인연으로 기억된다.

■ '내 편'을 만드는 방법

행복은 어디서 오는 것일까? 어떤 사람은 돈에서 온다고 한다. 어느 정도는 맞는 얘기다. 어떤 사람은 높은 학력에서 온다고 한다. 이것도 어느 정도는 맞는 얘기다. 어떤 사람은 잘생긴 외모에서 온다고 한다. 이것 역시 어느 정도는 맞는 얘기다.

하지만 이 모든 것을 능가하고도 남을 가장 큰 행복은 '함께 느끼고 그 느낌들을 서로 공유'하는 데서 나온다.

얼마 전 지인이 집 근처에 와서 함께 식사를 한 후 간단하게 맥주를 마셨다. 술자리를 꽉 채운 사람들을 보며 나는 이런 생각을 했다.

'저 많은 사람들이 과연 비즈니스 때문에 어쩔 수 없이 만나고 있는 것일까?'

아마도 그들 중 대다수는 서로의 외로움과 서로의 느낌들을 공유하고 싶어서 만나고 있을 것이다. 왜냐하면 느낌의 공유는 우리를 행복하게 해주기 때문이다.

우리는 누구나 자신을 좋아해 주는 사람을 좋아한다. 가치관과 신념이 비슷한 사람들을 좋아한다. 자신의 의견에 동조해 주는 사람들을 좋아한다. 그것은 상대가 '내 편'이라는 느낌이 강하게 들기 때문이다. 아무리 값진 충고일지라도 비판을 듣고 기분 좋아질 사람은 없다. '다 너를 위해서야.'라는 명목으로 늘 충고만을 일삼는 사람의 말을 듣고 자신을 바꿀 사람이 과연 몇이나 있겠는가. 상대에 대한 반발심과 복수심만 더욱 커지게 할 뿐이다.

영국의 소설가 로버트 스미스 서티스Robert Smith Surtees는 "야단을 맞아 나쁜 짓을 하지 않게 된 사람보다 칭찬을 받고 착한 일을 하게 된 사람이 더욱 많다."고 말했다. 새겨들을 만한 말이다. 정말 능력 있고, 멋지고, 많은 일을 이룬 사람이라고 해도 내겐 나를 사랑하고 생각해 주는 사람이 최고인 법이다. 행복은 바로 이런 '내 편'을 얼마나 많이 확보하고 있느냐에 달려 있다고 해도 과언이 아니다.

지금 이 순간, 스스로에게 질문해 보자. 과연 '내 편'은 누구인가? 나는 '내 편'을 만들기 위해 어떤 노력을 기울여왔는가? 카네기는 친구를 얻는 최선의 방법을 어린 시절 함께 보낸 강아지를 통해 배웠다고 한다.

다섯 살 때였다. 아버지는 누런 강아지를 15센트에 사오셨다. 녀석은 어린 나에게 무엇과도 바꿀 수 없는 기쁨이고 행복이었다. 매일 오후 4시께만 되면 녀석은 어김없이 앞마당에 가만히 앉아 맑은 눈동자로 눈앞의 길을 뚫어지게 쳐다보았다. 그러다가 내 목소리가 들리거나 정원의 나무 사이로 밥그릇을 들고 있는 내 모습이 보이면, 총알같이 달려와 좋아서 어쩔 줄 모르며 껑충껑충 뛰고 숨 가쁘게 짖어댔다. 이후 5년 동안 강아지 티피는 둘도 없는 나의 친구였다.

그러던 어느 날 밤, 티피는 나와 10피트도 떨어지지 않은 거리에서 죽어버렸다. 벼락을 맞았던 것이다. 티피의 죽음은 평생토록 잊혀지지 않는 슬픔으로 지금도 내 가슴에 남아 있다. 티피, 너는 심리학 책을 읽은 적도 없고 또 그럴 필요도 없었다. 상대방의 관심을 끌려고 하기보다 상대에게 순수한 관심을 보내는 편이, 훨씬 많은 친구를 얻을 수 있는 방법이라는 것을 너는 본능적으로 알고 있었다.

나의 태도와 행동을 살펴보자

지금으로부터 2년 전, 그러니까 작은 아이가 초등학교 4학년 때의 일이다. 1박 2일간 현장체험학습을 떠나는데 체험학습 가기 이틀 전에 아이가 미니 합숙을 한다고 집 앞에 있는 태권도장에서 자고 왔다. 도장이 난방을 제대로 하지 않아 약간 춥게 잤던지 다음 날 돌아온 아이는 기침을 하기 시작했다. 현장체험학습을 무척이나 기다려 왔던 터라 감기가 심해져서 못 가게 되면 어쩌나, 내심 걱정이 됐다. 남편은 속이 상했는지 난방도 제대로 하지 않은 채 아이들을 재웠다면서 세심하게 아이들을 돌보지 않은 태권도장 관장에 대해 화를 내기 시작했다. 순간 아이의 표정을 살펴보니 매우 불안해하고 있었다.

사실 나도 속상했다. 하지만 이미 일어난 일을 어찌하랴. 나는 아이에게 '약 먹고 푹 자고 나면 괜찮아질 거야!' 라면서 일찍 잠자리에 들라고 했다. 다행스럽게도 다음 날 몸 상태가 더 나빠지지 않아 아이를 현장체험학습에 보낼 수 있었다. 그날 아이를 보내면서 얼마나 감사했는지 모른다.

하지만 남편은 떠나는 아이 앞에서 또다시 태권도장 관장 얘기를 하면서 짜증을 내기 시작했다. 물론 아이 걱정을 하는 것은 이해가 되었다. 하지만 태권도장 관장이 일부러 그런 것은 아니지 않는가. 나는 결국 자꾸 좋지 않은 얘기를 꺼내는 남편에게 한마디 하고 말았다.

"지금 그 얘기들이 무슨 소용이 있어. 아이만 더 불안해지니 그만하세요. 이제 괜찮아졌잖아!"

이미 일어난 사건에 대해서는 보다 긍정적으로 생각해야 한다. 화를 내서 해결될 일이 아니라면 좀 더 좋은 쪽으로 생각하자는 것이다. 좀 더 감사할 수 있는 부분에 집중하자.

살아가면서 경험하는 모든 결과는 이전에 있었던 사건이나 사건들에 대해서 당신이 어떤 식으로 반응했는가에 따른 것이다_{사건 + 반응 = 결과}. 즉, 현재 당신이 처한 결과가 싫다면 당신이 할 수 있는 것은 이미 일어난 사건을 탓하던지, 그 사건을 바라보는 자신의 반응을 바꾸던지, 둘 중 하나다.

예를 들어 교통체증_{사건}에 걸렸을 때를 생각해 보자.

어떤 사람은 끊임없이 교통체증에 대해서 화를 내고 불만 섞인 목소리로 짜증을 낸다_{반응}. 하지만 그런다고 해서 결과가 달라질까? 만일 교통체증이 정말로 결정적인 변수라면 모든 사람들이 화를 내야만 한다. 하지만 모두가 그런 것은 아니다. 바로 교통체증에 대한 각각의 '반응'이 그들에게 개별적인 '결과'를 안겨주는 것이다. 그들의 전혀 다른 경험을 만든 것은 바로 일어난 사건에 대한 반응, 즉 태도와 행동이다.

자주 화를 내고 짜증을 내는, 매사에 부정적인 사람과 친구 하고 싶은 사람은 없을 것이다. 사람들과 관계를 맺고, 또 좋은 관계를 유지하려면 자신의 태도와 행동을 다시 한 번 살펴볼 필요가 있다.

미덕의 언어를 사용하자

몇 달 전의 일이다. 사회적으로 지위가 높으신 60세 정도의 어른

두 분과 호텔에서 점심 식사를 하면서 많은 것을 느꼈다. 참 돈이란 놈이 좋긴 했다. 워낙에 그곳을 단골로 드나드시는 분들이라 식당 사람들의 극진한 대접을 받으면서 조용하게 먹을 수 있었으니 말이다.

비슷한 연배에 비슷한 직책을 갖고 있는 두 분이었지만 나에게 비쳐지는 모습은 너무도 달랐다. 한 분은 긍정적이었고 남을 배려하려 애썼지만 다른 한 분은 부정적이었고 전혀 남을 배려하려 하지 않았다. 한 분은 얼굴에 미소가 계속 머물러 있어 인상이 부드러워 보였지만 다른 한 분은 무서울 정도로 인상이 굳어져 있었다.

내뱉는 언어나 말투도 어쩜 그리 다른지 한 분의 이야기를 들으면 기분이 좋아지는 반면, 다른 한 분의 이야기를 들으면 당황스러웠다. 아무리 돈이 많아도 인격이 잘 형성되어 있지 않으면 추해 보인다는 것을 그분은 모르고 있는 듯했다. 인격이란 많은 돈을 쓴다고 해서 갖춰지는 것이, 얼굴 성형하듯이 하루아침에 바꿀 수 있는 것이 아니다.

아마 그분은 자기가 무서운 인상을 갖고 있고 부정적인 언어를 사용한다는 것을 모를 것이다. 연세도 많고 사회적인 지위도 있는 터라 주위에서 꼭 짚어 이야기해 주는 사람이 없을 테니까. 나중에 얘기를 들어보니 실제로 그분 주위에는 사람이 없다고 한다.

나이 들수록 돈이 있어야 한다는 건 누구나 다 아는 사실이다. 나이 들수록 돈으로 베풀어야 사람들이 좋아한다는 건 누구나 다 아는 사실이다. 하지만 절대 간과해서는 안 될 것이 있다. 표정이나 언어 선택에 신중할 필요가 있다는 것이다.

예전에 홍콩에 여행을 갔을 때 여행 가이드가 한 말이 기억난다. 도시계획으로 갑자기 땅값이 올라 돈이 많아진 사람들이 단체로 여행을 왔다고 한다. 여행사를 통해 왔기에 일정대로 움직여야 하는데 그분들은 술 마시느라고 일정을 다 무시하더라는 것이다. 한 분은 옷을 벗으면서 옆구리에 테이프로 붙여놓은 현금다발을 보여주며 이렇게 말했다고 한다.

"이 돈 줄 테니 우리가 하라는 대로 해!"

우리는 누구를 만나든 다시 보고 싶은 사람이 되어야 한다. 그것은 하루아침에 되는 일이 아니다. 보고 싶은 사람이 되려면 무엇보다 먼저 미덕의 언어를 자주 사용해야 한다. 우리들이 흔히 사용하는 말 중에는 다른 사람을 비판하는 결점의 언어들이 많다. 그것들을 미덕의 언어로 바꿔보는 것만으로도 사람들은 나를 좋아할 것이다.

예를 들어 '산만하다.'는 '활발하다.'는 미덕의 언어로 바꿔서 사용할 수 있다. '이기적이다.'는 '자기를 아낀다.'로, '변덕스럽다.'는 '유연하다.'로, '열등감 있다.'는 '겸손하다.'로, '소심하다.'는 '신중하다.'로, '잘난 척한다.'는 '자기 긍정적이다.'로, '따진다.'는 '분석적이고 논리적이다.'로, '건방지다.'는 '자신감 있다.'로 바꿔서 말할 수 있다.

자기도 모르게 습관처럼 사용하던 비판적인 결점의 언어들을 미덕의 언어로 바꿔 사용하는 것만으로도 우리의 인간관계는 급속도로 달라질 것이다. 언어에는 힘이 있다. 미덕의 언어에는 아름다운 인간, 아름다운 세상을 만들 수 있는 힘이 있다.

▨ 인정받는 사람이 되기 위한 소통의 노하우

사람은 언제 가장 살맛이 날까? 돈을 벌었을 때? 직장에서 승진을 했을 때? 맛있는 걸 먹었을 때? 명품을 샀을 때?

하지만 이보다 더 강력하게 나를 살맛나게 하는 순간이 있다. 바로 다른 사람들로부터 인정을 받을 때이다. 자신의 존재를 인정받을 때 자신감이 싹트고 스스로 변화하는 힘이 생긴다.

실패와 성공을 좌우하는 것은 '소통'이라고 해도 과언이 아니다. 자신과 소통이 안 되기에 자신과 멀어지고, 타인과 소통이 안 되기에 인간관계가 엉망이 되는 것이다. 그러면 하는 일에 성과가 오를 리 없다.

조직은 혼자가 아닌, 여러 사람들과 함께 생활하는 공간이다. 그렇기에 아무리 똑똑하고 잘난 사람일지라도 타인과의 의사소통 능력이 없어 늘 함께 지내는 사람들과 갈등을 일으킨다면 그는 결코 조직생활에서 성공할 수 없을 것이다.

그렇다면, 인정받는 사람이 되기 위한 소통능력은 어떻게 키워야 할까?

첫째, 무엇보다도 자기 자신과의 소통이 중요함을 깨달아야 한다

자신과 잘 소통한다는 건 자신의 욕구, 자신의 강점과 약점, 자신의 즐거움을 잘 알고 있다는 뜻이다. 자신에 대해 잘 아는 사람은 타인에 대해 너그러워질 수 있다. 왜냐하면 타인은 또 다른 나 자신이기 때문이다. 나에 대한 인식이 깊은 사람은 타인에 대한, 더 나아가 세상에 대한 인식을 깊게 할 수 있다. 그래서 자신에 대한 이해야말로 타인과 세상을 이해할 수 있는 가장 빠른 지름길이라고 할 수 있다.

둘째, 자기 이야기를 쏟아내기보다는 먼저 타인의 이야기에 귀 기울이자

대부분의 사람들은 남의 이야기를 듣기보다는 자신의 이야기를 하고 싶어 한다. 하지만 상대를 내 사람으로 만들고 싶다면 먼저 상대의 이야기를 귀 기울여 들은 후 대화를 시작해야 한다. 그가 원하는 게 무엇인지를 파악하고, 그 사람의 성향을 파악해야 한다. 이야기를 들으면서 맞장구를 쳐주고 고개를 끄덕여주고, 미소를 지어주고, 공감의 표현을 해주어야 한다. 그러면 그는 당신을 좋아하게 될 것이다. 특히 '맥락적 경청 contextual listening'을 하도록 노력해 보자. 맥락적 경청이란 겉으로 드러난 말뿐만 아니라 말하는 사람의 의도, 감정, 배경까지 이해하며 듣는 것을 말한다. 협상학 용어로 말하면 상대의 숨겨진 '욕구 interest'까지 파악하는 경청 기술이다.

우리는 누구나 자신의 얘기를 귀담아 들어주는 사람에게 호감을 느낀다. 상대에 대한 따뜻한 관심과 세심한 배려를 해주는 사람에게 호감을 느낀다. 이런 태도는 상대로 하여금 자신이 존중받고 있다는 느낌을 주기에 친밀한 인간관계를 형성하는 데 매우 효과적이다.

셋째, 상대와의 관계를 '나-그것'이 아닌 '나-너'의 관계로 만들자

당신이 아버지를 잃은 슬픔을 위로받기 위해 친구에게 전화를 걸었다고 하자. 상대가 내 이야기를 너무 잘 들어주는 듯해 내 상실감이 얼마나 큰지 구구절절 이야기했다. 그런데 어느 순간, 전화기 너머에서 키보드 두드리는 소리가 들려온다면 당신의 기분은 어떻겠는가? 당신이 자신의 고통에 대해 하소연을 하는 동안 친구의 대답이 점차 성의 없어지고 있다는 것을 미루어 짐작할 수 있다. 이런 관점에서 보면 타인은 사물일 뿐이다. 상대와의 관계가 '나-그것'의 상태에 있을 때 우리는 그를 그저 자신의 목적을 이루기 위한 수단으로만 여긴다. 반면에 '나-너'의 상태일 때 다른 사람과의 관계는 그 자체가 목적이다. 우리는 모두 '너'로 대접받기를 원한다. 감정이입은 '나-너'의 관계로 들어가는 문을 열어준다.

넷째, 첫인상을 관리하자

제 아무리 똑똑하고 능력이 뛰어나도 첫인상이 별로인 사람은 다시 만나고 싶지 않다. 초두효과Primacy Effect란 말도 있지 않은가. 이는 먼저 제시된 정보가 나중에 들어온 정보보다 전반적인 인상 현상에 더욱 강력한 영향을 미치는 것을 뜻하는데, 흔히 첫인상이 중요하다는 말로 표현된다.

상대는 나의 내면을 모른다. 보이는 첫인상으로 나를 판단할 뿐이다. 그래서 누군가를 처음 만날 때는 먼저 겉으로 보이는 모습에 신경 써야 한다. 깔끔한 옷차림, 미소 띤 얼굴, 정돈된 손톱, 깨끗한 구두, 적절한 제스처, 밝은 말투 등은 당신을 돋보이게 할 것이고, 상대는 당신의 첫인상에 높은 점수를 줄 것이다.

다섯째, 태도를 관리하자

비즈니스에서 중요한 것은 내용보다는 태도다. 태도가 틀려먹었다면 상대의 입에서 아무리 좋은 내용이 흘러나올지라도 듣기 싫어지는 법이다. 상대를 존중하는 마음으로 공손히 대하자. 상대의 약점보다는 장점에 귀 기울이자. 나에게 장점과 단점이 있듯이 상대에게도 장점과 단점이 있다는 사실을 기억하자. 본인 스스로가 잘 알고 있는 약점일지라도 약점이 드러나서 기분 좋을 사람은 아무도 없다. 항상 밝은 얼굴로 사람을 대하자. 사람이란 일단 감정이 상하면 그다음의 문을 열기가 정말 어려운 감정의 존재다.

여섯째, 체험을 공유하자

함께 차를 마시고 식사를 하고, 술을 마시자. 함께 운동을 하고, 여행을 하자. 그래서 생각과 경험을 공유할 수 있게 되면 당신의 인맥은 더욱더 강화될 것이다. 인맥은 그저 알고 있는 사이가 아니다. 자주 만나면서 서로에 대한 필요를 깨닫고, 서로에 대한 강한 정서적 신뢰가 있을 때 비로소 인맥으로 맺어질 수 있는 것이다.

아무리 똑똑하고 능력이 뛰어난 사람일지라도 남을 배려할 줄 모른다면 누구도 그와 함께 일하고 싶어 하지 않을 것이다. 지금 당신에게 필요한 것은 영어나 프레젠테이션 능력이 아니다. 그보다는 같이 일하는 사람들과 효과적으로 커뮤니케이션할 수 있는 능력을 높이기 위해 노력해야 한다. 그것이야말로 타인에게 인정받을 수 있는 지름길이다.

작은 인연
큰 행복

유명화

|||||

팍팍하고 답답한 일들이 많지만 웃으며 살 수 있는 것은 마음이 따뜻한 사람들이 옆에 있기 때문일 것이다. 사람들과 끊임없이 관계를 맺는 것이 삶, 그 자체이기에 지난날 나와 함께했던 인연들, 현재를 더불어 살아가는 사람들이 오늘을 의미 있게 하는 행복의 근원이 아닐까, 하는 생각을 해본다.

|||||

▦ 사람을 통해 이루어지다

　어느 책에서 '이 세상 사람들이 가장 크게 관심을 갖는 것은 성과 돈' 이라는 글을 읽은 적이 있다. 나는 그때 무릎을 치면서 공감했었다. 글의 요지는 인간은 사람과의 관계를 통해 성숙해 간다는 것이었다.
　성도 관계요. 돈도 관계다.
　이 세상에 성관계만큼 동시에 주고받는 것이 어디 있겠는가. 여자는 남자에게는 없는 것을 가지고 있고, 남자는 여자에게는 없는 것을 가지고 있다. 나에게 없는 것을 받는 동시에 있는 것을 주는 것이 남녀 간의 성관계일 게다. 가장 대등한 관계인 것이다.
　이 대등한 관계의 중심이 한쪽으로 치우치면 갈등이 일어난다. 그러나 갈등을 풀고 상대를 이해하게 되면 보지 못하는 것을 보게 된다. 갈등은 상황을 인식하는 눈을 넓게 하고, 관계를 깊어지게 하는 선물과도 같은 것이다.

그렇다면 돈은 어떤 관계를 만들까? 돈은 동등한 관계를 만들게도 하고, 상하 관계를 만들게도 한다. 사람 사이에 돈이 끼면 관계가 조심스러워진다. 특히 돈은 나와 상대가 일로 연결되었을 때 관계에 아주 중요한 작용을 한다. 사실 사람들이 가장 원하는 것은 조화로운 인간관계와 넉넉한 돈일 것이다.

살다 보면 내 의지와는 상관없이 인간관계와 돈이 꽁꽁 얼어붙는 겨울 같은 시간이 다가올 때가 있다. 그 차가운 시절을 견뎌낼 수 있었던 것은 곁에서 지켜보고 따뜻하게 격려해 주었던 분들이 있었기 때문이다. 지금부터 내가 어둡고 긴 터널을 잘 통과할 수 있도록 이끌어주고 힘이 되어준 세 분의 이야기를 하려 한다.

▦ 속 깊은 박이호 선생님

막내아들이 갑자기 사고로 죽은 후 우리 가족은 깊은 공황 상태에 빠져 지냈다. 딸은 화농성 여드름이 온몸에 번져 피부에서 노란 진물이 흘렀다. 나는 지속적으로 아기를 낳고 싶다는 생각에 시달렸다.

죽은 아들이 다시 태어날 거라는 환상이 나를 괴롭혔던 것이다. 나 자신에 대한 치료가 시급했다.

나는 치료에 도움이 될 만한 것들을 찾기 시작했다. 그러다 성격을 소재로 워크숍을 진행하는 에니어그램 연구소에서 보내온 브로슈어를 보게 되었다. 거기에는 2001년에 '미래를 내다보는 사람들^{미내사}'이란 모임에서 소개받았던 가족치료 프로그램 '가족세우기'에 대한 안내문과 워크숍 일정이 실려 있었다. 프로그램을 경험한 적은 없지만 미내사에서 소개를 받았고, 2002년에는 가족세우기 창시자인 독일의 가족치료 전문가 버트 헬링거 선생님이 한국에서 강의했던 내용을 읽은 적이 있어서 낯익은 느낌이 들었다.

안내문을 접하는 순간 나는 '가정에서 일어나는 비극의 원인과 과정'이라는 글귀에 빨려들었다. 이게 뭔가, 하는 의문이 들어 계속 읽어 내려갔다.

> 가족구성원들이 왜 그런 행동을 하는지?
> 왜 가족관계가 소원해졌는지?
> 왜 이런 질병이나 사고가 가족에게 나타나는지 등등
> 우리 인간사에 얽혀 있는 그동안 풀지 못했던 문제들을 '가족세우기'에서 시원하게 풀어드립니다.

나는 안내문을 읽고 가족세우기 워크숍에 꼭 가야겠다는 생각을 했다. 그때는 자세한 내용을 모르고 있을 때여서 가족세우기를 하려면 가족 모두가 참여해야 하는 줄 알고 남편에게 같이 가자고 했다. 남편은 순순히 그러자고 했다. 동생이 사고 당하는 순간을 눈앞에서 본 큰아들도 함께 갔다. 큰아들이 입은 정신적인 충격이 걱정되었던 것이다.

그러나 막상 가보니 아이는 데려오는 것이 아니었고, 반드시 부부가 함께 참여해야 하는 것도 아니었다. 같은 사건을 겪었다고 해도 인식하는 것은 서로 다르기 때문에 함께 와도 각자 가족세우기를 해야 했다.

가족세우기 프로그램은 20여 명의 참여자들이 동그란 공간을 가운데 두고 크게 원형으로 둘러앉은 상태에서 진행되었다. 서로 아는 사이인지 친밀하게 대화를 주고받는 사람들도 있었다. 나는 뭐가 뭔지 몰라서 가만히 앉아 있었다.

프로그램을 진행하는 선생님이 참여자들에게 어떤 문제로 왔는지 물었다. 내 옆에 조용히 앉아 있던 남편이 갑자기 손을 번쩍 치켜들고 말했다.

"제 아내에게 문제가 많으니 아내를 치료해 주세요."

선생님은 남편에게 의뢰인 석으로 옮겨 앉으라고 했다. 자리를 옮긴 남편은 선생님이 시키는 대로 남자 참여자 두 사람에게 아들과 자신의 대역을 부탁했고, 여자 참여자 중에 두 사람을 선택해서 나와 딸 대역을 부탁했다. 그러고 나서 동그란 공간 중앙에 본인 대역을 세우고, 왼쪽에 아들 대역을 나란히 세웠다. 나의 대역과 딸 대역은 남편과 아들 대역과 마주 보는 형태로 맞은편에 세웠다. 다시 말해 여자는 여자끼리 남자는 남자끼리 마주 보게 된 것이다.

남편은 나에게 늘 화를 냈는데, 왜 그런 이해되지 않는 행동을 했는지 눈치 챌 수 있었다. 남편처럼 내면이 대치관계를 그리고 있으면 상대방이 적으로 느껴진다. 겉으로만 부부이지 내면에서는 적인 것이다. 사소한 일로 부부 싸움을 할 때 상대방이 배우자로 보이지 않고 나쁜 사람으로 보이는 것과 비슷하다.

선생님이 나에게 물었다.

"남편 분과 다르게 세우고 싶으십니까?"

"네."

나는 앞으로 나가 나와 남편과 딸의 대역을 일렬종대로 세워 한 방향을 보게 했다. 아들의 대역만 반대 방향을 보게 세웠다. 그러자 선생님이 다시 물었다.

"가족 중에 누가 죽었나요?"

나는 그 말을 듣는 순간 슬픔이 복받쳐 올라 어린아이처럼 엉엉 울었다. 나를 쳐다보는 사람들의 시선이 느껴졌다. 창피했다. 하지만 놀랄 만큼 계속 울음이 나왔다. 아무것도 모르는 내 눈에도 우리 가족 대역들이 저승사자에게 끌려 황천길로 가는 사람들처럼 보였던 것이다. 납량 특집 드라마에 나오는 모습과 다르지 않았다.

나를 지켜보던 선생님이 말했다.

"엄마가 아이네."

그 말을 듣고도 나는 울음을 멈출 수 없었다. 통제력을 잃은 것이었다.

박이호 선생님과의 인연은 이렇게 시작됐다.

나는 그날 이후 박이호 선생님이 진행하는 가족세우기 프로그램에 참여했다. 몇 달 동안은 용기가 없어 나서지 못하고 다른 참여자들이 하는 것을 보며 눈물만 흘리다 왔다. 그러나 사람 사는 것이 거기서 거기인지라 다른 참여자들의 사례만 보았는데도 불구하고 차츰 내 안에서 무엇인가가 녹아내리는 느낌이 들었다. 그러면서 생명의 질서에 대한 주옥같은 알아차림이 조금씩 영글어가기 시작했다.

박이호 선생님은 가족세우기 창시자인 버트 헬링거 선생님 밑에서 공부했다. 26년 동안 독일에서 살았고, 상담사로 일하다 2001년도에 가족세우기를 보급하기 위해 한국에 왔다. 내가 선생님의 안내를 받은 것은 2003년부터였다.

선생님의 첫인상은 그리 좋지 않았다. 선생님의 성격 때문인지 아니면 진행 방식 때문인지는 모르겠지만 불친절해 보였다. 웃을 때는 미소년 같은 순수함이 얼굴에 가득하지만 의뢰인의 말을 탁탁 끊을 때는 민망했고, 무섭기까지 했다.

선생님은 의뢰인들이 주저리주저리 말하는 것을 듣지 않았다. 항상 세 문장 이내로 말하라고 했다. 예를 들어 "배우자가 외도를 했습니다. 이혼을 하려고 합니다. 아이들이 누구에게서 크는 것이 좋을지 알고 싶습니다." 또는 "부장님은 저를 괴롭힙니다. 부장님을 볼 때마다 죽어버리고 싶습니다. 이런 감정 때문에 직장생활을 하기 힘듭니다."와 같은 형식으로 의뢰를 하라고 했다.

의뢰인은 자신의 문제와 관련된 사람들의 대역을 참여자 중에서 선택해 공간 중앙에 세웠다. 이때 대역들은 의뢰인에 대해서 전혀 알지 못하지만 의뢰인이 느끼는 것을 그대로 느끼는 놀라운 경험을 하게 된다. 참여자는 대역들이 화가 나서 씩씩거리기도 하고, 슬퍼서 울기도 하는 모습을 보면서 의뢰인에게 왜 이런 일이 일어났는지, 혹은 이 사건이 의뢰인을 어디로 이끄는지 등을 알아차리기도 했다.

선생님은 대역의 움직임을 살펴보면서 얽히고설킨 관계를 생명의 질서에 맞게 교정하는 작업을 했다. 그러면 신기하게도 의뢰인은 스스로 무엇이 잘못되었는지를 알아차렸다. 당시 마음공부를 하고 있었던 나는 진행 과정이나 효과가 다른 곳에서는 체험할 수 없을 만큼 독특하다는 것을 알았다. 놀라운 일이었다. 다른 사람이 문제를 풀어가는 과정만 봐도 삶을 이해하는 데 큰 도움이 되었다.

나는 이 공부를 놓치고 싶지 않았다. 분명한 것은 내가 행복하게 살려면 마음속에 엉켜 있는 실타래를 푸는 작업부터 먼저 해야 한다는 것이었다.

2003년에는 가족세우기 코스가 대전과 서울에서만 열렸다. 진천에 살고 있던 나는 대전과 서울을 오가며 1박 2일 동안 수련한다는 것이 부담스러웠다. 비용을 줄일 수 있는 방법이 없을까 궁리하다 내가 직접 사람을 모아서 선생님을 모시면 무료로 참여할 수 있을지도 모르겠다는 생각을 했다.

나는 선생님을 찾아가 물었다.

"제가 의뢰인들을 모으면 참가비를 내지 않아도 되나요?"

"네, 그래요."

선생님은 고개를 끄덕이며 대답했다.

"그럼 저도 의뢰인들을 모으겠습니다."

"좋아요, 해보세요. 하지만 혼자서 하세요."

선생님은 웃으며 말했다. 처음에 나는 혼자서 하라는 말이 무슨 뜻인지 몰랐다. 나중에서야 선생님 홈페이지에 우리 코스는 올리지 않겠다는 말이라는 것을 알았다. 선생님 홈페이지가 따로 있어서 그곳을 통해 오는 분들이 꽤 있었다. 조금 섭섭했다.

하지만 얼마 지나지 않아 선생님이 우리 코스도 홈페이지에 올려주겠다고 했다. 부인이 그렇게 하는 것이 좋을 것 같다고 말했다는 것이다. 나는 속으로 선생님이 꽤나 공처가인 모양이라고 생각했다.

나는 신이 나서 선생님 홈페이지에 홍보용 글을 올리고 내가 운영하는 다음 카페 '자연스런치유' 회원들에게도 홍보를 했다. 장소는 내가 자주 가던 아름다운 절 보탑사로 정했다. 보탑사에는 수련원이 있어서 많은 사람이 프로그램에 참여할 수 있었고, 잠도 잘 수 있어서 안성맞춤이었다. 보탑사는 대웅전이 우리나라에서는 보기 드문 5층탑으로 되어 있고, 내부에 계단이 있어 올라갈 수 있게 설계된 특이한 절이다. 조용하고 주위 경관도 수려해서 많은 사람들이 나들이 삼아 오는 곳이다.

나의 첫 조직 결성은 성공적으로 이루어졌다. 교통이 불편한 곳이었음에도 불구하고 열여섯 명이나 되는 사람이 모인 것이다. 지금 생각해 보면 무슨 배짱으로 진천읍에서도 한참 들어가는 오지에서 가족세우기를 시작했는지 모르겠다.

선생님은 참여한 사람들에게 걷은 회비의 반을 나에게 주었다. 내가 사람들을 모은 것은 돈을 벌기 위해서가 아니었다. 다만 돈을 들이지 않고 공부를 하고 싶어서 한 일이었다. 그래도 돈을 받으니 기뻤다. 나는 선생님에게 받은 돈으로 장소 임대료를 냈고, 남은 돈은 생활비로 썼다. 뜻밖의 수입이 생기자 의뢰인을 모으는 일을 직업으로 삼아도 괜찮겠다는 생각이 들었다.

나는 그 후 몇 차례 장소를 옮기며 가족세우기에 참여할 사람들을 모았는데, 그때마다 걸리는 것이 참여자들의 숙식 문제였다. 센터를 가지고 있는 것이 아니었기 때문에 타지에서 온 분들을 먹이고 재우는 것이 보통 일이 아니었다. 그러다 문득 광역시마다 센터가 있다면 사람들이 자기 지역에서 가족세우기를 할 수 있을 텐데, 하는 생각이

들었다. 나는 선생님을 찾아가 물었다.

"광역시마다 의뢰인을 모으는 사람이 있으면, 선생님께서 전국을 돌아다니며 지도하실 의향이 있으신지요? 그렇게 하시면 더 많은 사람들이 가족세우기를 통해서 행복하게 살 수 있지 않겠습니까?"

선생님은 기꺼이 그렇게 하겠다고 대답했다.

나는 즉시 광역시에 개인 센터를 가지고 있는 사람을 찾았다. 그때 가장 먼저 떠오른 분이 대구에서 시원명상센터를 운영하는 김윤경 선생님이었다. 김윤경 선생님은 오라소마라는 색채를 통한 상담 프로그램을 공부할 때 만난 분이다. 대구 토박이인 데다 절에 오래 다녀서 쉽게 사람들을 모을 수 있을 거라고 생각했다.

나는 보탑사 코스에 참가했던 김성미 선생님에게 김윤경 선생님을 찾아가 가족세우기를 통해 알아차린 것을 이야기해 달라고 부탁했다. 김성미 선생님은 우리와 함께 오라소마를 공부해서 김윤경 선생님과는 안면이 있는 사이였다. 김성미 선생님이 이야기를 잘했는지 김윤경 선생님은 깊은 관심을 보였다. 김성미 선생님이 나서준 덕분에 나는 시원명상센터에서 가족세우기 프로그램을 시작할 수 있었다.

그 후 내 소개로 부산, 서울, 광주 등지의 광역시마다 김윤경 선생님처럼 의뢰인을 모으는 분들이 생겼다. 그러자 내가 사람들을 모을 곳이 없어졌다. 잠시 머무르고 있는 진천에서 사람을 모으는 것은 어려운 일이었다. 그렇다고 선생님이 나를 따로 불러 고맙다는 말은 한

적은 없었다. 그러나 신기한 것은 섭섭한 마음이 전혀 들지 않았다는 것이다. 그것은 지금도 마찬가지다. 해야 할 일을 했다는 뿌듯함만이 있을 뿐이었다.

나는 14년 동안 내면세계를 공부하면서 여러 선생님들을 만났다. 그중에서도 박이호 선생님은 나에게 특별한 존재다. 선생님과는 7년을 함께 보냈는데 계속해서 발전해 나가는 모습이 눈에 보인다. 가장 변하기 어렵다는 목소리도 많이 변했고, 얼굴 표정은 훨씬 부드러워졌다.

내가 가장 닮고 싶어 하는 선생님의 장점은 열등감이나 우월감이 없는 태도다. 그런 모습은 프로그램을 진행할 때도 나타나지만 개인적으로 만나 살아온 이야기를 들을 때 더 크게 느껴진다. 선생님은 부러울 정도로 열등감이 없다. 그것이 존재를 있는 그대로 인정할 수 있는 힘으로 나타나는 듯하다. 가족세우기에서 선생님이 나를 치료사로 인정하고 있다는 느낌을 받는 것도 그 때문이 아닐까.

한번은 스스로 '종합병원'이라는 이름표를 달고 다니는 손 선생님이 워크숍 도중에 발작을 일으켰다. 가족세우기뿐만 아니라 집단상담 같은 프로그램들을 진행하다 보면 자주 경험하는 일인데, 그것은 사실 축복이나 마찬가지다.

손 선생님은 온몸을 뒤틀며 아픔을 흘려보내고 있었고, 나는 맞은편에서 그 모습을 보고 있었다. 내가 손 선생님을 돕고 있다는 것을 한눈에 알아차린 박 선생님은 나를 믿고 다음 의뢰인을 도와주었다. 손 선생님의 상태는 곧 좋아졌고 나와 함께 춤을 추는 것으로 작업을 마무리했다.

나는 이런 일이 있을 때마다 선생님에게 존중과 신뢰를 받고 있다는 기분 좋은 느낌을 받는다. 그러면서 이것이 가족세우기의 매력이 아닐까, 하는 생각을 한다.

2005년 대전에서 가족세우기 1기 전문 과정이 시작되었다. 모집인원은 30명이었는데 나에게는 코스 비용이 없었다. 나는 박 선생님이 광역시 조직자들을 소개한 공로로 무료로 공부하라고 말해 주길 바랐다. 하지만 선생님은 아무 말이 없었다.

전문 과정 일정이 발표되었다. 나는 기회를 놓치고 싶지 않아 선생님이 먼저 말을 꺼내지 않으면 일정대로 참여하고 코스 비용은 외상으로 하자는 제안을 해야겠다고 생각했다.

그때 선생님 부인이 나를 불러냈다. 부인 역시 별로 말이 없는 분이라 개인적으로 누구를 부른 적이 거의 없었다.

가슴이 쿵쾅거렸다. 왠지 코스 비용에 관한 이야기를 하실 것 같았다. 아니나 다를까. 부인은 내게 전문 과정에 참여하냐고 물었다. 나는 솔직히 대답했다.

"네. 그런데 아직 회비를 못 냈습니다."

"선생님이 따로 하신 말씀은 없나요?"

"네. 그래서 외상으로 해달라고 부탁할 생각이었습니다."
"그래요?"
부인은 웃으면서 말했다.
"그럼 일단 그냥 참여하세요."
선생님이 부인을 시켜 나에게 자신의 의사를 전달한 것인지, 아니면 부인 스스로 나를 배려해서 한 일인지는 지금도 모른다. 그때 공부가 필요하다는 것을 절실히 느끼고 있었던 나는 아마 선생님에게 통사정을 해서라도 공부를 했을 것이다.

나는 지금 4기 전문 과정을 밟고 있다. 그동안 박 선생님도 나도 많이 변했다. 헬링거 선생님과 가족세우기도 계속 발전해 나가고 있다.
나는 얼마 전 지인의 소개로 코리아닷컴에 '조직세우기'를 키워드 가이드로 등록했다. '조직세우기'를 등록하고 나니 '가족세우기'도 함께 등록하면 좋을 것 같다는 생각에 선생님에게 말했다.
"가족세우기를 코리아닷컴의 키워드 가이드로 등록하면 포털사이트에서 검색되기 때문에 홍보하는 데 유용하지 않을까요?"
그러자 선생님은 고개를 절래절래 흔들었다.
"그렇게 되면 가족세우기를 소개하는 글에 광고가 함께 떠서 오염이 됩니다."
나는 순간 선생님이 일급수에 사는 물고기처럼 보였다. 각 지역에 의뢰인을 모으는 분들이 선생님을 돕고는 있지만 아직까지 한국에서는 가족세우기 상담만으로 생활비를 벌기가 쉽지 않다. 그럼에도 불구하고 가족세우기의 순수성을 지키려는 모습은 내가 선생님의 뒤를 따를 수밖에 없는 이유다.

나는 요즘 가족세우기에 대한 책을 출간하려고 준비 중이다. 선생님보다 앞서서 책을 내는 것이 민망하기는 하지만 세상 사람들에게 가족세우기를 알리는 방법으로 책만 한 것이 없다는 생각이 들어서다.
내가 박 선생님에게 책을 쓰고 있다는 것을 알리고 선생님도 써보는 것이 어떻겠느냐고 묻자 헬링거 선생님이 돌아가신 후면 모를까 지금은 헬링거 선생님 책을 번역하는 것만으로도 벅차다고 대답했다. 그러면서 열심히 해보라며 나를 격려해 주셨다.
나는 지금 박이호 선생님의 그림자를 따라가고 있다. 어두운 밤길을 밝혀주는 등불 같은 분이 곁에 있다는 것은 행운이다. 불확실한 세상을 살아가는 우리들에게 정말 큰 힘이 된다.

▦ 함께하는 박홍준 선생님

나는 막내아들을 잃은 후 헐값에 집을 팔았다. 도저히 그 집에서는 아이 생각 때문에 살 수 없었던 것이다. 그때 마침 진천에서 의료기 공장을 운영하는 분을 만났다. 그분은 사택이 비어 있으니 그냥 와서 살라고 했다.

며칠 후 우리 가족은 진천으로 이사했다. 의료기 회사 사장은 내가 대체의학 등을 공부했기 때문에 의료기 사업을 잘할 수 있을 거라 생각했던 모양이었다. 하지만 나는 장사 수완이 없는 사람이다. 그분의 제안을 받아들여 대리점을 했지만 임대료조차 내기 힘들었다. 다른 대리점은 잘돼서 집도 사고 땅도 샀다는데.

우리 대리점을 찾은 어떤 손님이 내게 말했다.

"선생 같은 양반이 무슨 장사를 한다고 그러세요. 대리점 접고 상담실이나 내세요!"

그분 말을 듣고 남들 눈에는 내가 상담사로 보인다는 것을 알았다. 그때 누군가가 내게 정부에서 창업자금을 지원한다는 이야기를 했다. 창업자금을 받아 상담센터를 열어야겠다고 생각한 나는 대전에 있는 여성경제인협회에 사업계획서를 제출하고 여성경제인협회에서 요구하는 조건에 맞는 장소를 찾아 다녔다.

그러던 어느 날 대전 정부청사 맞은편 아파트에 살고 있는 수강생 배정 씨가 집에 놀러오라고 했다. 정부청사 근처는 사람들이 많이 사는 번화한 곳이었다. 나는 배정 씨를 찾아가 창업자금이 나오는 대로 상담실을 낼 계획이라고 말했다.

"대전에서 하려고 하는데 마땅한 장소가 있으면 추천해 주세요."

그러자 배정 씨는 자신이 다니는 요가원 건물이 좋을 것 같다며 아파트 바로 앞에 있는 오래된 오피스텔로 나를 안내했다. 그곳에는 영재교육원을 비롯해 대체의학, 미술치료, 음악치료, 언어치료 등 다양한 치료센터가 있었다. 여기에 영혼을 치료하는 힐링상담센터까지 들어서면 건물의 정체성이 더욱더 견고해지겠다는 생각이 들었다.

배정 씨와 함께 오피스텔을 둘러보니 마침 비어 있는 공간이 있었다. 나는 주인에게 전화를 걸어 오피스텔을 얻고 싶다는 뜻을 전했다.

"그런데 아쉽지만 지금은 전세 보증금이 없습니다. 창업자금을 신청했으니 나오면 바로 드리겠습니다."

내 말을 들은 주인은 오랫동안 세든 사람이 없었는지 크게 웃으며 말했다.

"임대사업을 하는 동안 보증금 없이 들어오겠다는 사람은 처음 봤습니다. 그렇게 하십시오."

나는 배정 씨 덕분에 생각보다 쉽게, 빨리 센터를 구했다. 그러나 호사다마라고 했던가. 기다리던 창업지원금이 나오지 않았다. 담당 직원에게 이유를 물어보니 힐링상담소라는 말 자체가 낯설고 우리나라에서 처음 하는 것이라 수익을 낸다는 보장도 없어 지원이 어렵다고 대답했다.

이미 센터 문을 열었고 수강생을 받아서 레이키 프로그램을 진행한 상태였다. 전세 보증금 문제를 하루 빨리 해결해야 했다. 나는 정부 지원도 받지 못하는 나를 도와줄 사람이 누가 있을까, 곰곰이 생각해 보았다. 그때 떠오른 얼굴이 센터를 열었을 때 처음으로 방문했던 박홍준 선생님이었다. 대기업에 근무하는 박 선생님은 영적인 세계에 관심이 많았다.

박 선생님은 내가 운영하는 카페 자연스런치유에 있는 여러 콘텐츠 중에서 레이키를 검색하다 카페에 가입했다고 한다. 레이키는 영기靈氣의 일본식 발음으로 우수이라는 일본인이 전해 준 프로그램이다. 우리 센터의 프로그램은 보이지 않는 영혼의 영역을 공부하는 비주류 교육 콘텐츠로 구성되어 있기 때문에 박 선생님처럼 명상이나 영성에 관심 있는 분들이 많이 있었다.

나는 처음엔 채팅으로 박 선생님과 대화를 나누었다. 선생님은 주로 영성 프로그램과 레이키에 대한 질문을 했다. 인터넷 세상에서 만난 사람들은 대부분 채팅이나 쪽지, 메일 등을 이용해 문의를 했다.

나는 정성껏 답변했지만 2% 부족한 듯해서 자세한 얘기는 만나서 하면 좋을 것 같다고 말했다. 박 선생님은 마침 대전에 출장을 가는데 일을 마치고 들르겠다고 했다. 센터를 열자마자 누군가가 상담을 받기 위해 나를 찾아온다고 하니 몹시 흥분되었다.

약속한 날 저녁, 박 선생님이 찾아왔다. 나는 저녁때라서 밥을 준비했다. 반찬이 별로 없어 걱정했는데 박 선생님은 고맙다며 음식을 가리지 않고 맛있게 먹었다. 그 모습을 보니 성격이 까다롭지는 않겠다는 생각이 들었다.

박 선생님은 레이키와 오라소마, 가족세우기 등 내가 진행하는 프로그램에 대해 알고 싶어 했다. 나는 주말마다 다양한 프로그램을 준비하고 있으니 참여해서 함께 수련을 하자고 했다. 하지만 박 선생님은 이미 다른 레이키 교사에게 접수를 했고, 다음 날부터 프로그램에 참여하기로 예약되어 있다고 말했다.

나는 의아했다. 교육 일정까지 잡아놓고 뒤늦게 왜 나에게 상담을 했는지 물었다. 특별한 이유가 있었던 것은 아니었다. 나를 만나기 전에 접수를 해놓고 정보를 더 구하다 우연히 자연스런치유 카페에 오게 된 것이라고 했다.

이러한 일은 여러 번 있었다. 다른 교사에게 교육받으려고 마음먹었다가 나와 상담한 후 나에게 교육받는 경우도 있었다. 어쨌든 상담은 나에게 받고, 교육은 다른 교사에게 받는다는 것은 유쾌한 일은 아니었다.

박 선생님은 내 얼굴에서 실망한 기색을 보았는지 매우 미안해했다. 처음부터 솔직히 말했다면 이렇게 실망하지는 않았을 텐데, 하는 생각이 들었다.

관계를 맺고 있는 상대가 나의 기대나 생각과 맞아떨어지는 행동을 하지 않을 때 나는 옳고, 상대는 틀리다는 생각을 하게 된다. 그것은 상대에 대해 부정적인 감정을 갖게 만든다. 이것이 갈등의 과정이다. 만약, 인간관계에 어려움을 겪고 있다면 상대에게 무엇을 기대하고 있는지, 그것이 혹 당신 내면의 환상인지 아닌지 인식할 필요가 있다.

박 선생님은 대전에서 하룻밤 자고 레이키 교육을 받으러 서울로 갔다. 나는 아침에 박 선생님에게 전화를 걸어 공부 잘하라고 격려해 주었다. 그가 다른 교사와 함께 하더라도 우리 센터의 첫 손님이고, 공통의 관심사를 가지고 있는 친구를 만났다는 것은 한편으로는 축복이라는 생각이 들었던 것이다. 박 선생님은 서울에 도착했다며 관심을 가져주어서 고맙다고 말했다.

우리 센터는 정기적으로 주말에 여러 교육 프로그램을 진행하고 있다. 박 선생님은 다른 교사에게 레이키 교육을 받았음에도 불구하고 다음 달에 우리 센터에서 복습을 하겠다고 신청을 했다. 나는 반갑게 박 선생님을 맞이했다.

박 선생님은 우리 센터에서 교육을 받은 후 나에게 진지하게 물었다.

"함께 교육받는 사람들은 여러 가지 체험을 하는데 왜 나는 체험을 못 하는지 모르겠습니다. 두 번이나 레이키 코스를 했는데도 아무렇지도 않아요. 나는 왜 느끼지를 못하지요?"

"박 선생님은 잘하고 있습니다. 다만 선생님은 체험에 집중하고 있는 것이 문제입니다. 그것은 체험에 대해 환상이 있다는 것을 의미합니다. 지금 저에게 본인이 기대하고 있는 체험을 경험하지 못한 것에 대해 말씀하신 것 아닌가요?"

나는 느낀 점을 그대로 말해 주었다. 사실 수련이란 체험을 하기 위해서 하는 것이 아니다. 체험은 수련 과정 중의 일부로, 의식의 세계로 들어가는 문과 같은 것이다. 문을 지나서 다른 의식의 차원으로 들어서면 세상살이가 새롭게 보이는 인식이 선물로 주어진다. 즉 통찰력이 생기는 것이다. 그런데 체험에 집중하다 보면 의식이 성장하기 어렵다.

박 선생님은 작고 시시한 변화에 대해서는 시큰둥한 반응을 보였다. 대단하고 위대한, 뭔가 그럴듯한 것을 찾고 있는 것처럼 보였다. 우리를 힘들게 하는 것은 대단한 것보다는 작고 시시한 것일 때가 많다. 특히 인간관계 속에서 갈등을 일으키는 것은 내 말을 1분조차도 공감해 주지 않는 상대방에게 느끼는 섭섭함인 경우가 많다.

박 선생님은 그 후에도 두 달 동안 더 우리 센터에서 레이키를 복습하며 수련을 했다. 레이키 코스를 하면 마음의 저항이나 상처 등이 녹아내려 몸과 마음이 전체적으로 부드러워지는 느낌이 든다는 회원들이 많은데 박 선생님은 투명한 보호막에 쌓여 있는 것 같은 느낌이 들었다. 사람이 워낙 좋아 겉으로는 부드러워 보였지만 속에는 알 수 없는 단단함이 웅크리고 있는 것처럼 느껴졌다.

나는 레이키 교사로서, 같은 분야를 공부하는 도반으로서 박 선생님을 돕고 싶었다. 때문에 박 선생님이 말을 할 때 귀를 기울이고 깊게 들으려 노력했다. 박 선생님에게 무언가를 전달하는 교사가 아니라 그의 소리를 전달받는 교사가 되려고 했다. 박 선생님이 하는 말이 내가 학습하고 수련한 내용과 다르더라도 교정하려고 하지 않았다. 있는 그대로 바라보고, 그대로 있어도 좋다는 태도로 박 선생님이 지니고 있는 것을 존중하며 호흡에 집중했다. 그것은 결코 쉬운 일이 아니었지만 훈련을 통해 내 것으로 만들어야 할 덕목이라고 생각했다.

그 후 박 선생님은 우리 센터가 아닌 다른 곳에서도 지속적으로 수련을 했다. 하지만 대전에 출장 오면 센터에 들러 나에게 안부를 묻고 갔다. 교사와 학생의 관계가 아니라 도반관계가 된 것이었다.

나는 박 선생님에게 창업자금을 못 받게 된 사연을 털어놓고 센터 전세금을 부탁했다. 선생님은 그 자리에서 빌려주겠다고 했다.

"성공하면 갚으세요. 선생님이 하시는 세라피 영역은 블루오션이라서 투자가치가 있습니다."

참으로 고마운 일이었다. 나는 박 선생님 명의로 계약을 했고, 전세권도 설정했다. 그리고 매달 은행 이자 정도의 금액을 박 선생님에게 보내드렸다. 센터를 연 지 2년이 지났을 때는 화장품 사업을 하는 분들이 많이 들어와 수입이 늘었고, 덕분에 박 선생님에게 전세금 돌려줄 수 있었다.

그래도 박 선생님은 1년에 한두 번 나에게 연락을 해서 어떻게 지내는지 묻는다. 한 번은 설 명절에 떡값을 보내주기도 했다. 회사에서 떡값이 많이 나와 선물로 조금 보냈다고 하지만 꿈을 향해 묵묵히 걸어가고 있는 나를 격려하고 지지하는 표현을 그렇게 하는 것 같아 마음이 따뜻해졌다.

우리 센터에는 박 선생님처럼 주어진 일을 묵묵히 하면서 의식을 성장시키기 위해 공부하는 사람들이 많이 있다. 내가 지금까지 센터를 유지할 수 있었던 것도 언제나 한마음으로 영적 성장을 향해 움직이는, 박 선생님을 비롯한 도반들이 함께한 덕분일 것이다.

폭넓은 황보현 선생님

나의 스승이나 마찬가지인 박이호 선생님이 뿌리 깊은 고목의 이미지를 지녔다면 나로 인해 가족세우기를 알게 된 황보현 선생님은 뿌리부터 잎사귀까지 버릴 것 하나 없는 칡의 이미지를 지녔다. 황보현 선생님을 만나게 된 과정은 조금 복잡하다.

하루는 2008년 여름에 강진에서 열린 '다산 선생께 배우는 책 쓰기' 워크숍에서 만난 김봉학 선생님이 나를 찾아와 대전 인재개발원에 보낼 '가족상담사' 훈련 과정 제안서를 만들어달라고 부탁했다.

『기적을 일으키는 셀프코칭 하우HOW』의 저자이기도 한 김봉학 선생님은 광주리더십센터 교수다. 책 쓰기 워크숍에 참여했던 사람 중에서 나와 가장 많은 이야기를 나눴던 김봉학 선생님은 영적 성장 프로그램에 관심이 많았다. 주로 내가 말하고 김 선생님은 들었다. 김 선생님은 생소한 공부를 하고 있는 내 이야기에 흥미를 느낀 듯했다.

나는 책 쓰기 워크숍을 마치고 내가 진행하는 가족세우기 코스에 김 선생님을 초대했다. 바쁜 와중에도 김 선생님은 초대에 응했고, 진행 과정을 흥미진진하게 지켜보았다. 참여자들과 함께 대역을 서기도 하고 자신의 문제를 직접 작업하면서 내면의 상이 어떤 경로를 통해 변화하는지를 경험하기도 했다.

나는 김 선생님이 부탁한 제안서가 광주리더십센터에서 인재개발원에 내는 것인 줄 알고 만들어주었는데, 나중에야 여러 사람의 손을 거쳐 인재개발원으로 들어갔다는 것을 알았다.

인재개발원 교학사 과정장인 김미영 박사가 '가족상담사' 과정을 개설하게 된 것은 공무원들이 창의적으로 일을 하려면 무엇보다도 공무원 스스로가 행복해야 한다고 생각했기 때문이라고 했다.

김미영 박사는 인재개발원 리더십 전문 교수인 임연선 교수에게 이론 수업이 아니라 실제로 적용해서 변화로 이끌 수 있는 트레이닝 프로그램을 진행할 수 있는 사람을 알아봐 달라고 부탁했다.

평생교육연구회 대전지부를 맡아서 운영하고 있었던 임연선 교수는 그 내용을 평생교육연구회 본부장인 황보현 선생님에게 전했고, 황보현 선생님은 그 순간 이유는 잘 모르겠지만 김봉학 선생님을 떠올렸다고 한다.

결국 내가 만든 제안서는 김봉학 선생님과 황보현 본부장, 임연선 교수를 거쳐 김미영 과정장에게 간 것이었다. 김봉학 교수를 제외한 나머지 분들은 제안서를 쓴 내가 어떤 사람인지 궁금했다고 한다.

황보현 선생님은 가족상담사 과정이 열리기 전에 임연선 교수와 함께 대전 상담센터로 나를 찾아왔다. 황보현 선생님은 무슨 말을 하든 '예쁘니깐' 으로 마무리를 짓는다. 그녀의 포샵을 한 듯 뽀얀 우윳빛 피부는 나에게는 부러움의 대상이다. 그녀의 나이는 나와 같다. 여간 반가운 동갑내기가 아닐 수 없다.

황보현 선생님은 나를 대단히 능력 있는 사람으로 인식하고 있는 눈치였다. 내 실력을 보고 싶어 했다. 이럴 때는 족집게가 되어보는 것도 좋을 것 같아 종이와 연필을 주며 가족을 그려보라고 했다. 황보현 선생님은 본인을 중심으로 가족을 앞에 그리고, 그 뒤에 가족도 아닌 평생교육연구회 이사장을 그렸다.

자리에는 주인이 있는 법이다. 앞은 자식의 자리고, 뒤는 부모의 자리다. 그림을 보니 황보현 선생님은 앞에 그린 사람들을 자식 돌보듯 하고, 뒤에 그린 이사장은 부모처럼 의지하고 있는 듯했다.

아니나 다를까. 선생님은 이사장이 자신의 마음을 알아서 모든 일을 처리해 줘야 한다고 생각했다. 그것은 어린아이가 울면 젖 주고 기저귀 갈아주는 엄마에게 갖는 마음이었다.

나는 "선생님과 이사장은 일로 만난 사람입니다. 이사장은 부모가 아니에요. 일을 하는 사람끼리는 분명하고 구체적인 대화를 통해 의사소통을 해야 합니다."라고 말해 주었다. 그 말을 듣고 황보현 선생님은 나에게 이사장님이 자신의 마음을 알아주기를 바라는 마음이 있다고 털어놓았다.

그 후 황보현 선생님은 평생교육연구회 회원들을 데리고 대전센터에 와서 함께 가족세우기를 공부했다. 그들 중에 사주팔자를 공부한 분이 있었는데 그분이 "황보현 선생님은 칡의 성질을 가지고 태어났다."는 말을 했다. 나는 그 말을 듣고 백과사전을 찾아봤다. 내용을 읽어보니 정말 적절한 표현이라는 생각이 들었다.

칡은 버릴 것이 없는 식물이다. 뿌리는 녹말로 쓰고, 잎은 사료로 사용한다. 번식력이 강해 주변을 모두 칡밭으로 만들어버린다.

황보현 선생님은 힘든 어린 시절을 보냈다고 하는데, 그 때문에 칡의 성향이 강화된 듯하다. 덕분에 21세기의 키워드 중 하나인 네트워크형 인간이 되어 있는 것이 아닐까. 칡이 스스로 자라 넝쿨로 주변 식물들과 관계를 맺는 것처럼 선생님에게는 필요한 사람들과 긴밀한 관계를 맺는 능력이 있고, 관계 맺고 싶은 사람을 고맙고 미안하게 만드는 재주가 있다.

실제로 황보현 선생님은 관계를 맺고 싶은 사람이 생기면 '저 사람과 사귀려면 무엇을 주면 될까'를 궁리한다고 한다.

황보현 선생님은 또한 함께하는 사람들이 같은 꿈과 희망을 품게 한다. 나는 우리 센터에 함께 와서 가족세우기를 공부했던 평생교육연구회 회원들이 서로 역량을 키우기 위해 논술 교재를 공유하며 아이디어를 주고받는 것을 보았다. 그 모습을 보자 '혼자서 꿈꾸면 한낱

꿈에 불과하지만 여럿이 꿈꾸면 현실이 된다.'는 슬로건이 생각났다.
　예전의 나는 크고 작은 집안일로 주눅 들어 있었다. 그 문제를 풀어내느라 오랜 시간 수련을 했고, 주로 수련하는 사람들과 교류하다 보니 세상일에 관심을 가질 여유가 없었다. 하지만 이제는 때가 된 듯하다. 그동안 공부했던 것들을 세상 사람들과 나눠야겠다는 생각이 든다.
　인맥이란 각자 자신의 꿈을 향해 걸어가면서 서로 필요한 때 필요한 만큼 필요한 것을 주고받으며 행복이라는 그림을 완성해 가는, 퍼즐 같은 것이 아닐까.

낯선 사람은 없다

안수경

낯선 사람은 없다. 아직 만나지 못한 친구가 있을 뿐이다.

처음부터 아는 사이는 없다. 내가 어떻게 대하느냐에 따라서 그들은 친구가 되기도 하고, 영원한 타인으로 남기도 한다.

■ 나도 누군가의 낯선 사람

회사 분위기가 안 좋아 저녁을 먹고 가라는 말을 뿌리치고 나왔다. 아파트 현관에 도착한 시간은 8시 50분. 엘리베이터 문은 열려 있었고, 그 안에 가족으로 보이는 한 무리가 타고 있었다. 나는 엘리베이터를 놓치기 싫어 냉큼 뛰어 들어갔다. 아빠로 보이는 남자가 열림 버튼을 누르고 있었다. 나는 그에게 고맙다는 표시로 살짝 목례를 하고 아래를 내려다보니 유모차에 누운 듯 앉아 있는 남자아이가 나를 물끄러미 올려다보고 있었다. 4~5세쯤 되었을까. 유모차를 타기에는 좀 큰 어린이였다.

나는 웃으면서 아이에게 손을 흔들었다.

"안녕!"

그러자 내 옆에 서 있던 엄마가 아이에게 말했다.

"아주머니한테 인사해야지."

꼬마가 고개를 푹 숙이며 배꼽 인사를 했다.

"안녕하세요."

그러더니 거의 누운 자세로 다시 나를 올려다보았다. 나는 또 아이에게 말을 걸었다.

"저녁 먹었어요?"

"네."

꼬마는 눈을 말똥거리며 대답했다.

"뭐 먹었어요? 아줌마는 개구리 반찬 먹었는데."

그러면서 곁눈으로 부부를 쳐다보았다. 실없는 소리를 하는 나를 싫어할까 봐 걱정이 되었던 것이다. 그러나 다행히 즐거운 표정들이었다. 꼬마는 내가 장난을 친다는 것을 알아챘을까? 꼬마에게 개구리는 먹으면 안 되는 친구였을까? 엘리베이터 문이 열리고 아빠 손에 이끌려 나가던 꼬마가 나를 향해 외쳤다.

"안 돼요, 안 돼."

어리광이 가득 담겨 있는 목소리였다.

"오, 알았어요, 아줌마가 이제부터는 개구리 반찬 안 먹을게."

"안 돼, 안 돼."

꼬마는 귀여운 발버둥까지 쳤다. 나에게는 꼬마의 투정이 '아줌마, 더 놀아줘요.' 하는 소리로 들렸다. 아이 엄마도 즐거운 표정으로 나에게 눈인사를 건넸다. 나도 살짝 인사를 했다. 꼬마의 반응이 회사에서 받은 스트레스를 확 날려버렸다. 역시 어린이들은 천사다.

　사람들은 대부분 낯선 이에게 말을 걸지 않는다. 그러나 나는 낯선 사람들에게 쉽게 다가가는 편이다. 길을 모르면 지나가는 낯선 사람을 붙잡아 묻고, 지하철에서는 옆에 앉은 아주머니와 내릴 때까지 수다를 떨기도 한다. 같은 동에 사는 아이들과 함께 엘리베이터를 타면 인사하는 것은 기본이고 즐겁게 장난을 친다. 그러니 다음에 만나면 서로 반가워하는 사이가 되는 것은 당연한 일이다. 옷을 사러 가서는 나처럼 옷을 고르고 있는 손님에게 "예쁘다, 잘 어울린다."는 말을 해주기도 하고, 내가 사려는 옷이 내게 어울리는지 물어보기도 한다.
　나에게는 낯선 사람이란 존재하지 않는 것 같다. 모두 이웃으로 여겨질 뿐이다. 이것은 내 어린 시절의 기억과 무관하지 않은 것 같다.

　여섯 살 때 처음으로 엄마와 떨어져 버스를 타고 멀리 갔었다. 갑자기 엄마가 없다는 사실을 깨달은 나는 버스 안에서 인정사정 볼 것 없이 목 놓아 울었다. 임시 보호자였던 막내 이모는 나를 달래지 못해 진땀을 뺐다. 그때 버스 안의 사람들이 나를 달래기 시작했다. 어떤 할아버지는 호랑이가 온다고 엄포를 놓았고, 어떤 아주머니는 엄마를 금방 다시 만날 수 있다는 희망을 주었으며, 어떤 초등학생 오빠는 과자를 내밀었다. 얼마 후 우는 것에도 지친 나는 훌쩍거리며 주변을 올려다보았다. 사람들이 나를 향해 환하게 웃고 있었다.

초등학교 1학년 때, 작은 언니의 자전거 뒤에 탄 적이 있었다. 신나게 달리던 언니의 자전거가 갑자기 비틀거렸고, 내 발은 돌아가고 있는 자전거 바퀴 속으로 들어가고 말았다. 자전거는 꽈당, 하고 넘어졌다. 겁에 질린 나는 상처 부위는 쳐다보지도 못하고 손으로 얼굴을 감싼 채 엉엉 울었다. 사람들이 몰려왔다.

"어휴, 저것 좀 봐! 흰 뼈가 다 보이네."

"어머나, 이젠 못 걷겠다, 이를 어째?"

"헉, 저 피 좀 봐! 철철 넘치네."

하는 소리들이 들려왔다. 그 소리를 듣자 오히려 정신이 퍼뜩 들었다. 사람들을 쳐다봤다. 사람들은 나를 위로하듯 부드러운 미소를 짓고 있었다. 그들의 얼굴은 나에게 이렇게 말하고 있었다.

'애야, 괜찮아, 울지 마.'

이런 어린 시절의 추억이 은연중에 '세상은 다정하다.'는 생각을 갖게 했는지도 모른다. 하지만 그것은 그저 느낌일 뿐이었다. 어렸을 때의 나는 식구들이 방에 있었다는 것조차 몰랐다고 할 정도로 조용하고 말이 없는 아이였다. 내성적이고 겁이 많은 나를 변화시켜 주신 분은 초등학교 4학년 때부터 6학년까지 3년 동안 담임을 맡았던 이복희 선생님이었다. 우리 학교에서 처음으로 교직생활을 시작한 선생님은 무척이나 쾌활하고 사교적인 분이었다. 나는 선생님을 만나고 나서 밝고 유쾌한 사람이 주위 사람들에게 얼마나 좋은 영향을 주는지 알게 되었고, 그 후부터 선생님을 닮기 위해 많이 노력했다.

나는 선생님처럼 활짝 활짝 웃었다. 그 모습이 보는 사람에게 얼마나 큰 용기와 자신감을 주는지 알게 되었기 때문이다. 그리고 어떤 모임이나 만남에서는 상대방이 예전의 나처럼 표현을 못 하거나 주저할지도 모른다는 생각에 먼저 말을 걸기도 한다.

물론 처음 보는 사람에게 지나치게 친절을 베풀다 난처한 일을 당할 때도 있었다.

오래전의 일이다. 지하철을 타고 가는데 한 아이의 손을 잡고, 다른 아이는 품에 안은 엄마가 올라왔다. 잠시도 가만있지 않고 이리저리 움직이는 두 아이를 돌보는 것이 가냘픈 몸집의 아기 엄마에게는 몹시 힘들어 보였다. 워낙 아이를 좋아하는 나는 엄마 옆에 서 있는 꼬마에게 말을 붙여 한참 재밌게 이야기를 나누었다. 내 딴에는 아이 돌보는 일을 거든 셈이었다. 아기 엄마도 가끔 내게 미소를 보내왔다. 내 덕분에 한시름 놓은 모습이었다.

나는 내릴 때가 되자 또 습관처럼 장난을 치고 싶어졌다.

"누나 따라가지 않을래?"

그것은 잠깐 사이에 친해진 꼬마들과 헤어질 때면 으레 건네는 장난 말이었다. 그런데 일이 커지고 말았다. 꼬마는 자기 엄마를 놔두고 정말 나를 따라가겠다고 나왔다. 사실, 가끔 그런 아이가 있기는 했다. 하지만 "이러는 거 아니야. 모르는 사람은 따라가서는 절대로 안 돼요. 엄마 말만 들어야 해요."라고 타이르면 대부분 고개를 끄덕였다.

그러나 꼬마는 달랐다. 막무가내였다. 울고불고 몸부림쳤다. 제법 힘이 세 보이는 꼬마를 붙잡고 있는 엄마는 정말 힘들어 보였다. 제대로 사고를 친 것이었다.

"죄송합니다, 정말 죄송합니다."

나는 거듭 머리 숙여 사과를 했다. 미안해서 어쩔 줄 모르는 나를 쳐다보는 아기 엄마의 표정은 묘했다. 나에게 괜찮다는 표정도, 원망하는 표정도 지을 수 없었나 보다.

기어이 나를 따라오려는 꼬마를 억지로 떼어놓고 나는 도망치듯 지하철에서 내렸다. 온몸에서 식은땀이 흘러내렸다. 어린아이까지 안고 있는 엄마가 얼마나 힘들었을지 생각하면 지금도 너무나 미안한 마음이 든다. 그 후 나는 더 이상 꼬마들에게 "나와 같이 가자."는 장난말은 하지 않게 되었다.

가끔 지하철 안에서 추태를 부리는 사람, 은근슬쩍 자리를 새치기해서 나를 불쾌하게 만드는 사람, 나에게 바가지를 씌우려는 사람들도 만난다. 이들도 낯선 사람이기는 마찬가지다. 하지만 그들은 물을 흐리는 미꾸라지일 뿐이다. 이들 때문에 낯선 사람은 무조건 피해야 한다고 생각한다는 것은 잘못된 일이다. 특히 내 인생을 생각하면 더욱 그렇다. 나에게는 고마운 낯선 사람들에 대한, 잊지 못할 기억이 있다.

▩ 친절한 낯선 사람들

고3 겨울이었다. 화실에서 그림 공부를 마치고 강남 고속버스터미널 버스정류장에서 집으로 가는 버스를 기다렸다. 시간은 밤 10시가 넘어 있었는데 내 또래의 남자아이가 비틀거리며 나에게 다가왔다. 비쩍 마른 몸에 낡아 해진 옷을 입고 있는 녀석의 얼굴은 지저분하기 짝이 없었다. 영락없는 거지였다. 녀석은 계속 나를 쳐다보면서 내 주위를 얼쩡거렸다. 기분이 나빠진 나는 녀석에게 쏘아붙였다.

"야, 뭐야? 왜 이래?"

나는 내가 뭐라고 하면 무안해진 녀석이 얼른 다른 곳으로 갈 줄 알았는데 그게 아니었다. 나와 눈이 마주치자 흐리멍덩했던 녀석의 눈빛이 갑자기 반짝거렸다. 찜찜했다. 녀석은 몇 걸음 걸어가더니 이내 멈춰 서서 계속 나를 바라보았다. 그때 마침 집으로 가는 버스가 도착했다. 나는 녀석의 행동에 신경 쓰면서 버스를 탔다. 그런데 그 녀석도 내가 탄 버스에 재빨리 올라타는 것이 아닌가. 녀석이 가고자 하는 방향이 나와 같을 수도 있었지만 왠지 나를 따라 탄 것 같다는 느낌이 들었다.

역시 그랬다. 내가 내리자 녀석도 따라 내렸다. 그제야 덜컥 겁이 났다. 녀석의 정신상태가 정상이 아니라는 생각이 들었다. 찰거머리 같은 녀석을 어떻게 해서든 떼어내야만 했다. 주위를 둘러보았다. 늦은 시간이라 거리에는 사람이 없었다. 초조했다. 그러다 다행히 군고구마 장수를 발견한 나는 아저씨에게 달려가 도움을 청했다.

"아저씨, 도와주세요! 이상한 사람이 자꾸 따라와요."

군고구마 장수는 갑작스러운 상황에 놀란 듯했다. 하지만 곧 아무렇지도 않은 표정으로 그 녀석과 이런저런 얘기를 나누었다. 겁을 잔뜩 집어먹고 있는 나를 내버려둔 채, 느낌이 점점 더 이상해졌다. 나는 오히려 두 사람 사이에 갇힌 꼴이 되었다. 나를 도와줄 거라고 생각했던 아저씨는 나에게 전혀 호의적이지 않았다. 나를 집으로 보내줄 마음이 없는 것 같았다. 이상한 기운에 휩싸인 나는 집으로 갈 엄두를 내지 못했다.

그때 회사원처럼 보이는 언니가 버스정류장에서 내려 우리들 쪽으로 걸어왔다. 몸은 얼어붙어 움직일 수 없었지만 나는 간신히 용기를 내서 기어 들어가는 목소리로 "도와주세요."라고 말했다. 몇 걸음 지나친 언니는 다시 내가 있는 곳으로 돌아와 군고구마를 샀다. 그러면서 물었다.

"무슨 일 있니?"

그러자 군고구마 장수가 말했다.

"남의 일에 신경 쓰지 말고 군고구마 봉지나 들고 가쇼."

더욱 놀란 나는 언니에게 재빨리 내가 처한 상황을 설명했다. 내 말을 들은 언니는 나에게 함께 가자고 했다. 나는 서둘러 언니를 따라갔다. 언니는 나를 집에까지 데려다주며 내 이야기를 끝까지 들어주었다. 그러고는 이렇게 말했다.

"이상한 사람 같으면 절대로 그 사람 눈을 쳐다봐서는 안 돼. 그리고 아무 말도 하지 말고 모르는 척 피해야 하는 거야. 또 누군가의 도움이 필요할 때는 아무에게나 부탁하지 말고 경찰을 찾아."

"네, 언니. 너무너무 고마워요."

그날 이후 낯선 사람에 대해 편안하거나 호의적인 마음을 갖지 못하고 어떤 면에서는 경계하게 된 것도 사실이다. 그러나 나에게 도움을 주었던 언니 역시 낯선 사람이기는 마찬가지였다. 언니는 나에게 있어 평생 잊을 수 없을 만큼 고마운 사람이었다. 반쯤 얼이 빠져 있어서 연락처도, 이름도 물어보지 못한 것이 아쉽기만 하다. 나는 언니에게 보답하는 길은 나도 도움의 손길을 필요로 하는 누군가에게 손을 내미는 것이라는 생각을 하게 되었다.

그 언니에게 보답할 기회는 의외로 빨리 찾아왔다. 2년 후 대학생이 된 나는 친구와 극장에 가려고 버스정류장에 갔다. 마침 근처 중학교 학생들이 공부를 마치고 쏟아져 나올 시간이어서 정류장은 까까머리 중학생들과 아줌마들로 북적거렸다.

그들과 어울려 버스를 기다리던 나는 갑자기 등 뒤가 서늘해지는 것을 느꼈다. 무심히 고개를 돌려 쳐다보았다. 한 작은 중학생이 복장이 불량한 중학생들에게 둘러싸여 있었다. 분명히 돈을 요구하거나 협박하고 있는 상황 같았다. 나는 친구에게 뭔가 이상하다며 그들을 보라고 눈짓을 했다. 친구도 이내 어떤 상황인지 알아채고는 당황해서 물었다.

"어떻게 하지?"

그들은 보통내기들이 아닌 듯했다. 환한 대낮은 아니었지만 아직 해가 존재를 드러내고 있었다. 더군다나 사람들이 북적대는 버스정류장이었다. 이렇게 많은 사람들을 아랑곳하지 않고 범행(?)을 저지르려는 그들의 대범함에 기함할 지경이었다.

하지만 그래봤자 중학생이었다. 그들에게서 1m 정도 떨어져 있던 나는, 저들을 감싸고 있는 위압적인 기운을 없애버리면 아무 일도 일어나지 않을 거라고 생각했다. 마치 다른 세상에 있는 것 같은 그들의 모습을 보고 알 수 없는 기운에 얼어붙어 꼼짝 못 했던 2년 전의 나를 떠올린 것일까?

때마침 버스가 도착했다. 나는 그들 속에 갇혀 있는, 그들보다 작고 여린 중학생에게 잘 아는 동생에게 하듯 소리쳤다.

"철수야, 버스 왔다. 빨리 타."

친구도 거들었다. 친구는 손짓으로 서둘러 타라는 시늉까지 했다. 나는 순간 그들을 감싸고 있던 이상한 기운이 갑자기 깨지는 것을 느꼈다. 작은 중학생은 물론 복장이 불량한 학생들마저 최면에서 깨어난 듯 어리둥절해했던 것이다. 작은 중학생은 그 기회를 놓치지 않고 버스에 올랐다. 다행이었다. 버스 안에는 사람들이 너무 많아 내릴 때까지 그 학생을 볼 수 없었고, 이후에도 만나지 못했다. 어쩌면 작은 중학생은 우리가 자신을 구해 주려고 그랬다는 것을 모를지도 모른다. 하지만 너무 기뻤고 뿌듯했다.

나는 앞으로 작은 중학생이 누군가가 어려울 때 서슴없이 나서주었으면 좋겠다는 생각, 이왕이면 나에게 도움을 준 언니의 동생이었으면 좋겠다는 생각을 했었다. 물론 그럴 리는 없을 것이다. 우선 언니와 중학생은 나이 차이가 많이 났다. 또한 언니는 집에 오려고 그 정류장에서 내렸고, 중학생은 집에 가려고 그 정류장에서 버스를 탔으니까.

그래도 나는 내가 2년 전 언니에게서 받은 따뜻한 기운이 까까머리 중학생에게도 전해지기를 바랐다.

'언니, 너무 고마웠어요. 나도 언니처럼 어려움에 처한 이들을 도와주는 사람이 될게요.'

나는 다짐하고 또 다짐했다.

▨ 디지털 세상에서 만난 친구들

미술대학을 나온 나는 졸업 후 10여 년 동안 작품활동을 하며 대학 강사로 일했다. 강의가 있는 날은 하루 종일 학생들을 가르쳤다. 누구를 가르친다는 것은 쉽지 않은 일이었다. 강의를 마친 후에는 피로가 몰려와 집에 돌아오면 쓰러져 잠들기 일쑤였다. 그 외의 날들은 작업실에 콕 박혀 있었다.

이런 생활이 오래 되풀이되다 보니 말수는 점점 줄어들었고, 사람보다는 사물과 대화하는 시간이 더 많아졌다. '작가는 작품을 통해서 세상과 소통하고 사람들과 대화한다.'는 멋진 말도 있지만 작가도 목욕탕 가고 세끼 밥 먹는 것은 마찬가지다. 더군다나 사람들과 어울리며 수다 떠는 것을 즐겼던 나는 사람들과의 일상적인 대화와 소통에 갈증을 느끼게 되었다.

대학 동문이나 재학생들이 모여 있는 인터넷 사이트에 가입하게 된 것도 그 때문이다. 활발히 활동하고 있는 회원들의 글을 읽는 재미가 쏠쏠했던 것이다.

나는 작업에 몰두하다 잠깐씩 쉬는 시간에는 온라인 세상을 거닐었다. 그리고 조금씩 내 존재를 알렸다. 소통이 시작되었다. 사람들에게 나의 닉네임이 알려질 즈음 나는 소모임인 등산클럽에 가입했다.

내가 처음 등산클럽 회원이 친 번개에 참가한 것은 1997년 3월 초였다. 산행지는 마니산이었다. 지금은 어디서 어떻게 만났고, 어느 코스로 올라갔다 내려왔는지 가물가물하지만 산에 오를 때 엄청나게 힘들었다는 기억만큼은 선명하다. 그러나 몸은 너무 개운했고, 상쾌했다. 그 상쾌함 때문에 한 달 내내 작업에만 매달렸어도 신이 났던 것 같다.

나는 등산이 나에게 좋다는 것을 알게 되었고, 보다 활발히 등산을 하는 모임을 찾았다. 그래서 가입한 것이 프리챌의 등산동호회였다. 나는 대화창을 통해 인사를 하며 이야기를 주고받고, 게시판에 있는 산행 사진 등을 보면서 사람들의 분위기와 성향을 어느 정도 파악할 수 있었다. 그러나 오프모임에 나갔을 때는 다소 긴장했다. 생각과 실제는 다를 수 있기 때문이었다.

다행히 동호회 사람들은 따뜻해 보였다. 덕분에 나는 몇 번의 산행을 편안하게 할 수 있었고, 사람들과 자연스럽게 친해졌다. 온라인 커뮤니티를 즐기는 시간도 점점 늘어났다. 그러나 사람이 모인 곳은 어디나 마찬가지인 모양이었다. 그곳에도 시기와 다툼이 있었다.

내가 동호회에 가입한 이유는 즐겁고 행복해지기 위해서였다. 누가 옳고 그르다는 편 가름에 휘말리는 것도 싫었고, 누구의 말을 들어주는 것도 버거웠다. 그래서 마음이 맞는 몇 사람과 함께 그 모임을 탈퇴하고 따로 등산을 다니기 시작했다.

이분들이 낯선 디지털 세상에서 만난 첫 번째 친구들이다. 그중에서도 산행대장인 이 회장님, 산을 잘 타지는 못하지만 산을 좋아하는 것만큼은 나와 똑같았던 이 원장님과는 마음도 꽤 많이 주고받았다. 우리는 2년여 동안 적어도 한 달에 두세 번은 산에 다녔고, 이 회장님에게 산을 타는 법을 배웠다.

이 회장님은 젊었을 때 회사에 출근하기 전에 산에 올라갔다 왔다고 한다. 그만큼 산을 좋아하고, 산악구조요원까지 지낸 이 회장님께 배우는 우리는 등산학교에 다닐 필요가 없었다. 이 회장님 덕분에 암

벽타기도 맛보았고, 빙벽에도 올라가 보았다. 뿐만 아니라 나는 나보다 경험이 풍부한 이 회장님과 이 원장님에게 세상을 바라보는 눈, 세상을 살아가는 다양한 방법 등에 대한 이야기를 들을 수 있었다.

특히 내 고민과 푸념을 다 들어주시는 이 원장님은, 내 성향에 대해 친언니보다 더 많이 알게 되었다. 나도 이 원장님 댁에 수저가 몇 벌 있다는 것까지 알 정도가 되었다. 현재의 내 상황을 누구보다 잘 알고, 언제나 언제 어디에서나 나를 지지해 주고 걱정해 주는, 늘 나의 편이 되어주는 이 원장님. 원장님이 내 옆에 있다는 것은 나에겐 너무나 크고 든든한 행운이다.

온라인 인맥 사이트 링크나우가 생긴 지 얼마 안 되었을 때였다. 나는 가입 초대 메일을 받고 호기심을 가득 품은 채 가입을 했다. 새로운 운영 시스템 때문에 얼마간은 어리둥절했지만 나는 차츰 적응해 나갔다. 그러다 이 인맥 사이트에서 동문들을 만나게 되었다. 처음에는 온라인에서 만나다 오프라인에서 만났고, 또 새로운 사람들과도 어울리는 즐거운 시간을 갖게 되었다.

벌써 대학을 졸업한 지도 20여 년이 흘렀다. 대학 다닐 때만큼은 아니겠지만 동문들과의 만남은 편안하게 느껴졌다. 우리는 같은 캠퍼스에서 공부했다는 사실 하나만으로도 처음부터 서로가 서로에게 호의적이었다. 나에게도 이해관계를 떠나서 애정 어린 인사말이나 조언, 좋은 말을 담은 메일을 보내주는 등 따뜻한 관심을 보였고, 필요한 정보라고 생각되면 언제든지 알려주었다. 마치 그동안 잊고 있었던 친구를 찾은 것 같았다.

물론 학번이 제각기 다르고, 전공도 너무 다양해서 공통의 관심거리를 찾기 힘든 경우도 있었다. 하지만 그렇기에 오히려 새로운 정보를 알게 되었고, 다른 관점을 발견할 수 있었고, 시원한 맥주를 마시며 넘칠 만큼 유쾌한 시간을 함께 보낼 수 있었다.

내 경험에 의하면, 나와 상대방이 공통된 무엇을 가지고 있으면 보다 빨리 친해지는 경향이 있는 것 같다. 동문이라는 이유만으로 가슴을 열고 서로를 받아들일 수 있다는 것은 어떤 서로를 이어주는 인연의 끈만 있으면 기꺼이 친구가 될 수 있다는 뜻 아닐까?

아무튼 나는 링크나우 동문커뮤니티에서 활발하게 활동하며 많은 동문을 만나 친분을 쌓을 수 있었다. 그들은 문화생활을 비롯한 여러 방면에서 나에게 도움을 주었다. 오케스트라의 총감독인 선배와 피아니스트인 후배 덕분에 나도 자연스럽게 클래식 공연을 자주 보러 가게 되었다. 해변가에 아파트를 가지고 있는 선배의 배려로 많은 비용을 들이지 않고 조용한 휴가도 즐기게 되었다.

어떤 선배는 전시초대권을 엄청나게 많이 줘서 오랜만에 지인들에게 선심을 쓸 수도 있었다. 또 사회에서 탄탄하게 자리 잡은 선배들이 해준 조언이 내 비즈니스에 결정적인 도움을 주기도 했다. 몇 분은 내가 지방에서 진행한 행사에 기꺼이 찾아와주는 우정을 과시하기도 했다.

다양한 방면에서 일하는 선후배, 동기들을 많이 알고 있으면 여러 가지 도움을 받을 수 있다. 내 경우는 아니지만 좋은 비즈니스 파트너가 된 분들도 있었다.

미국으로 이민 간 초등학교 동창이 가족과 함께 20년 만에 귀국했을 때의 일이다. 어느 음식점이 음식을 맛있게 하는지 잘 모르는 나는 동문커뮤니티에서 도움을 받아 친구에게 맛있는 자장면을 먹일 수 있었고, 유명한 포장마차에도 데려갈 수 있었다.

내가 '최고로 맛있는 자장면 집 추천해 주세요.', '20년 만에 한국에 온 친구가 포장마차를 구경하고 싶대요.' 라는 글을 올리자 우정 어린 댓글이 10개씩이나 달렸다. 감동이었다. 감사했다.

물론 동문모임에 나간다고 해서 누구나 이 모든 것을 누릴 수 있는 것은 아니다. 서로 누군가의 진정한 선배, 후배, 친구가 되기 위해서는 먼저 공감대가 형성되어야 한다. 오붓한 술자리 몇 번 가졌다고 좋은 친구가 될 수는 없는 것이다.

나는 동문모임을 통해 인생관 자체가 다르면 공식적인 장소에서는 웃으며 인사를 나눌지라도 더 이상 상대방에게 관심을 갖지 않는 것이 서로 불편해지지 않는 방법이라는 것을 알았다. 인생관이 다른 사람에게 이렇다 저렇다 조언을 하는 것은 상처를 주는 행위일 수도 있었다. 그러므로 당연한 말이지만 같은 학교를 나왔다고 해서, 고향이 같다고 해서 무조건 친구가 되는 것은 아니다.

"자네, 피자 좋아한다며? 식구들과 갔다 왔는데 음식 맛이 참 괜찮

더군. 여기 내가 받아온 명함을 줄 테니 한번 가보게."

"선배님, 그 동네에 유명한 음식점 제가 알아요. 우리 함께 가요."

하는 이야기를 들으면 나는 워커홀릭처럼 집과 사무실밖에 몰랐던 내 삶이 점점 풍요로워지는 것을 느낀다.

직장 동료와 친구 되기

1

나는 1년 남짓 다녔던 회사에서 착하기 이를 데 없는 전산과 직원을 디자인실로 자주 부르곤 했다. 운전을 할 줄 알아도 자동차 정비는 못 하는 사람이 많듯이 컴퓨터 프로그램은 다룰 줄 알아도 고장 나면 속수무책인 사람들도 많다. 나 역시 마찬가지여서 컴퓨터가 조금만 이상해지면 김 대리를 불렀다.

착한 김 대리는 컴퓨터에 대해서 모르는 게 없었다. 프로그램도 아주 잘 만들었다. 내가 이러저러한 시스템이 필요하다고 하면 금방금방 만들어줬다. 그런 김 대리가 어찌 예뻐 보이지 않겠는가?

워낙 기계치인 나는 기계를 잘 다루거나 컴퓨터에 능한 사람에게는 홀딱 반하는 편이다. 그래서일까. 남들은 내가 김 대리를 애정 어린 눈빛으로 쳐다본다고 느꼈던 것 같다. 김 대리도 그렇게 느꼈는지 어느 날 내 컴퓨터에 열심히 프로그램을 깔아주다가 나에게 "실장님, 징그러워요."라고 말하는 것이었다.

나는 어처구니없게도 그의 말을 듣고 나도 모르게 어딘가에 홀려 있던 정신이 퍼뜩 들었던 것은 사실이다. 하지만 나는 한참 억울했다. 내가 못하는 일을 그가 너무나 잘해 내서 감동의 도가니에 빠져 있었던 것뿐이었다. 평소에 입에 침이 마르도록 그의 솜씨를 칭찬했고, 그를 대할 때마다 좀 넘치는 함박웃음을 지었을 뿐이었다. 함께 점심을 먹으러 가서는 빼빼 마른 체형에 비해 엄청 많이 먹는 김 대리에게 나의 밥을 좀 넘치도록 나눠주었을 뿐이었다. 애완견처럼 귀여워한 것도 아니고, 그에게 손끝 하나 대지 않았다. 그런데 징그럽다니. 어이가 없어서 헛웃음만 나왔다.

나는 그런 과정을 거치면서 김 대리와 무척 친해졌다. 내가 회사를 나온 후에도 지금까지 쭉 내 컴퓨터의 A/S는 과장이 된 그가 맡아서 해주고 있다.

나는 가끔 지인들과 만나는 자리에 그를 데리고 나가 이렇게 소개한다.

"이 친구가 나에게 징그럽다고 말한 유일한 남자야."

그러면 김 과장의 얼굴은 여지없이 새빨개진다. 장가를 가서 아이 아빠까지 되었지만 여전히 무척이나 쑥스러워한다. 이렇게 놀려먹는 것이 징그럽다는 말에 상처(?)받은 내가 두고두고 그에게 하는 복수(?)이다.

2

　디자인실 실장이었던 나는 하나밖에 없는 부서 직원, 유 대리와 단둘이 점심을 먹는 일이 많았다. 그런데 속사정을 모르는 다른 업체 사람들은 우리를 커플로 아는 것 같았다. 당시 우리 회사 안에는 다른 업체들이 전세 들어 살고 있었다.
　그들이 "쟤네 커플이야."라고 수군거리는 소리를 처음 들었을 때는 기가 막히고 어이가 없어서 어찌할 바를 몰랐다. 하지만 유 대리는 아직 소문을 듣지 못한 듯했다. 어쨌든 나는 그 후 되도록이면 유 대리와 점심 먹으러 가는 것을 피했다.
　그러던 어느 날 소문을 들은 유 대리가 너무너무 즐거워하는 것이었다. 나도 너무나 웃긴 일이라고 응수했다. 체격이야 나보다 훨씬 크지만 나이는 한참 어린 유 대리는 순간 심각한(?) 얼굴로 자기가 너무 밑진다고 말했다. 나도 그렇게 생각한다고 심각(?)하게 응수하며 긴 자를 들고 책상을 탁탁 두들겼다. 장난스럽게 고압적인 자세를 취한 것이다.
　며칠 후 우리는 밥을 먹으러 가는 길에 눈이 가득 쌓인 회사 마당에서 한바탕 눈싸움을 했다. 우리들이 별 생각 없이 했던 장난은 대수롭지 않게 여겼던 그 '커플'이라는 소문에 도장을 꽉 찍어준 셈이 되고 말았다. 밥 먹으러 가면서 나와 유 대리가 눈싸움 하는 장면을 본 사람들은 이제 대놓고 감탄을 했다.
　"와, 두 사람 너무 잘 어울린다."

"어머, 너무 보기 좋다."

앗, 어떡하지? 그제야 정신이 퍼뜩 들었다.

점심을 먹으면서 나는 진지(?)하게 유 대리에게 말했다.

"우리 등판에 '우리는 커플 아님' 이라고 써 붙이고 다니자."

그러자 유 대리 왈.

"아니, 왜요? 나는 '우리 커플임' 이라고 써 붙이고 다닐래요."

사실 유 대리와는 처음부터 사이가 좋았던 것은 아니었다. 우리 회사에 입사했을 때 유 대리는 사수인 내가 몸집도 작고 여자여서 적잖이 실망하는 빛을 보였다. 그리고 하는 일마다 트집을 잡고 불평을 늘어놓았다. 실력 있는 친구였지만 자신의 경력을 자랑하며 업무는 제쳐두고 나에게 과시하는 일에만 몰두했다.

처음엔 나도 난감했다. 하지만 일일이 대응하지는 않았다. 공과 사를 구분해서 잘하는 것은 칭찬해 주고 실수한 일은 더 미안하도록 덮어뒀다. 다행히 집이 같은 동네에 있어서 유 대리를 집까지 바래다주며 업무 외의 시시콜콜한 이야기들을 나누게 되었.

유 대리는 점차 나를 단순한 직장 상사가 아닌 인생의 선배로, 조언자로 생각하는 것 같았다. 우리는 때때로 퇴근 후에 그의 아내를 포함해 셋이서 술잔을 기울이기도 했다. 유 대리는 회사를 그만둔 후에는 나를 '누님' 이라고 불렀다. 얼마 전에는 드디어 큰 집을 장만했다며 기쁨에 들뜬 목소리를 나에게 들려줬다.

■ 내 손을 잡아준 사람들

2008년 말, 나는 한 중소기업의 부사장, 갤러리 관장이라는 타이틀을 던져버렸다. 일을 워낙 좋아해서 밤낮없이 회사의 새로운 사업을 일으키기 위해 애썼지만 운이 따라주지 않았다. 시장 상황은 계속 나빠지고 있는데 아무리 노력해도 사장과 나는 어긋나기만 했다.

결국 회사에 사표를 내게 된 나는 그동안 내가 생각해 왔던 일들을 추진하려고 했다. 그러나 올해 초, 세계적으로 경제가 갑자기 나빠져 엄두를 낼 수가 없었다. 그렇다고 가만히 앉아서 시간만 보낼 수는 없는 일.

나는 잠시 숨고르기를 하는 동안 동문커뮤니티에 올라와 있는 어느 교육프로그램에 대한 글을 읽고 경영학 관련 수업을 듣기로 했다. 경영학에 대해서는 문외한이었던 나에게는 무척 귀한 프로그램이 아닐 수 없었다. 그것만으로 충분한데 나는 수업을 들으며 몇몇 교수님께 도움도 받게 되었다. 사실 100여 명의 수강생 중 한 명인 내가 교수님들과 친분을 쌓고, 도움을 받을 수 있었던 것은 행운이었다. 강의를 하는 사람과 듣는 사람의 만남은 피상적일 수 있고, 따라서 어떤 만남보다 인연의 끈이 약할 수밖에 없다.

나는 강의를 들을 때 이해되지 않는 것들이 너무 많아 진도에 방해가 될 만큼 열심히 질문을 했다. 하지만 강의를 듣고 나서는 교수님에게 감사의 메일을 보냈다. 단순히 감사하다는 내용에서 그친 것이 아니라 내가 어떤 일을 하고 있는지 자세히 썼고, 교수님이 강의를 한 보람을 느낄 수 있는 글귀도 적어 보냈다. 무언가를 바라고 한 일은 아니었다. 어떤 목적도 없었다. 교수님의 강의가 너무나 감동적이었고, 열강을 해주신 분께 감사의 말을 전하지 않으면 안 될 것 같아서 보낸 것뿐이었다.

그런데 생각하지도 못했던 상황이 일어났다. 교수님 한 분은 나에게 좀 더 도움이 될 만한 강의를 추천해 주었다. 진심으로 나를 걱정하며 격려하는 말씀도 잊지 않았다. 나는 교수님 덕분에 다시 국가가 일부 지원하는 좋은 프로그램에 합격하여 공부할 수 있게 되었다. 그리고 그곳에서 나보다 더 수준 높은 분들을 만나게 되었다. 우리는 모인 목적이 비슷했기에 서로에게 도움이 될 수 있었다. 참 따뜻하고 여유 있는 분들이었다. 나는 다양한 전문가들을 만나고 다양한 시각과 가치를 배우며 이 세상에 훌륭한 분들이 얼마나 많은지 다시 한 번 절감했다.

또 다른 교수님은 전공과 관련된 일을 내게 맡겨줘서 비즈니스적인 면에서도 성과를 거둘 수 있었다. 이 모두 예상치 못한, 고맙고 감사한 일이었다.

때로는 내가 내민 손을 부끄럽게 만드는 사람들도 물론 있다. 그렇기에 인사할 때 반갑게 웃어주시는 분들이 더욱 소중하고 감사한 것이다.

■ 칭찬과 배려는 우리를 춤추게 한다

우리는 때로는 책을 통해 인생의 해답이나 전환점을 찾기도 하고, 때로는 멘토 같은 주변 사람에게 결정적인 조언을 듣기도 한다. 나는 어렸을 때부터 사람들을 만나 어울리는 것을 좋아했다. 그러나 사람들에게서 무언가를 얻을 수 있다고는 생각하지 못했었다. 오히려 이렇게 생각했었다.

'순간순간을 즐겁게 보내고 행복한 기운을 나눠가지면 그만이다. 내 인생은 내가 결정하는 것이다. 어느 누구도 내 인생에 영향을 미칠 수는 없다.'

그럼에도 불구하고 다른 많은 사람들처럼 나 역시 사람들에게 상처를 받기도 했다. 상처는 나를 전혀 모르는 낯선 사람들이 주는 것만은 아니었다. 나를 어설프게 아는 사람들, 나를 너무나 잘 안다고 생각하는 사람들, 내 마음을 활짝 열었던 사람들에게 상처를 입으면서 오래전부터 알고 지낸 친한 친구 한두 명을 제외하고는 누구도 만나지 않으려 했던 적도 있다. 마음의 문을 닫고 세상에 나오려 하지 않았던 것이다.

나에게도 어김없이 세월은 약이었다. 이제는 웬만한 상처쯤은 상처로 여기지 않을 만큼 영혼이 건강을 회복하고 튼튼해진 것 같다. 인생을 바라보는 눈도 새로워졌다. 예전처럼 마음이 즐거워지고 행복해진 나는 다시 사람들을 찾게 되었다. 물론 지금도 아주 가끔은 사람들에게 상처를 받고 괴로워한다. 하지만 그렇다고 해도 더 이상 사람들을 두려워하지는 않는다. 오히려 그들이 내 안에 들어오기를 바란다. 상처의 아픔보다는 사람들과 좋은 관계를 맺을 때 느껴지는 보람, 그들이 내게 주는 즐거움이 너무 크기 때문이다.

1

인터넷 커뮤니티 아트클럽을 운영할 때의 일이다. 한 회원이 내가 작품활동도 하며 미술 관련 일을 해왔다는 사실을 알고 나에게 상담을 요청했다. 미대를 졸업한 후 열심히 작품 활동을 하던 사촌 여동생이 갑자기 심한 슬럼프에 빠져 온 식구가 걱정하고 있다며 도와줄 방법이 없냐는 것이었다. 전후 사정을 들어보니 충분히 그녀의 마음을 이해할 수 있었다.

나는 모든 일에 자신감을 잃고 아무 의욕 없이 지내는 그녀를 만났다. 잔뜩 움츠러들어 있는 그녀는 좀처럼 입을 열려고 하지 않았다. 비슷한 경험이 있는 나는 그녀의 입장에 서서 이런저런 이야기를 들려주었다. 내 기분이 어땠고, 어떤 고민을 했었는지도 말해 주었다. 그러자 그녀는 두 눈을 반짝이며 귀를 쫑긋 세우고 내 말에 귀 기울이기 시작했다. 재능 있는 작가가 갑자기 자신의 작품 세계를 포기할 만큼 정체성을 찾지 못하는 상황이었다.

나는 멀찍이 떨어져서 지켜보던 그녀의 사촌 오빠가 나중에 나에게 동생을 혼내는 줄 알았다고 할 정도로 진지하게 많은 이야기를 해주었다. 마치 그녀가 친동생처럼 느껴졌던 것이다. 실제로 그녀는 내가 겪었던 성장통을 겪고 있는, 내 동생이나 다름없었다. 인생의 멘토가 있어 순간순간 혼란이 찾아올 때 찾아갈 수 있다는 것은 얼마나 좋은 일인가. 내가 겪은 좌절을, 다른 누군가는 겪지 않기를 진심으로 바란다.

내 말이 위로가 되었는지 마침내 그녀는 환하게 웃으며 돌아갔다. 며칠 후 그녀의 사촌 오빠는 나에는 그녀가 많이 달라졌다는 이야기를 전해 주었다. 그 말을 듣는 내 마음도 흐뭇하기 그지없었다.

그녀는 다시 심기일전하여 각종 전시회에 참여했고, 나는 2009년 아시아프전에서 전시 첫날 그녀의 작품이 모두 다 팔렸다는 소식을 들을 수 있었다.

2

친분이 있던 한 사진학과 교수가 내 인맥인프라 좀 활용하자며 창작에 어려움을 겪고 있는 사진작가 한 분을 소개시켜 주었다. 나는 시간을 내서 그분을 만났다.

우리는 많은 대화를 나누었고, 나는 그분이 어떤 어려움을 겪고 있는지 알게 되었다. 충분히 이해할 수 있는 일이었다. 나는 즉시 그분의 문제를 해결해 줄 수 있는 지인을 찾아가 의논을 했고, 지인은 며칠 후 공연을 하기로 되어 있는 오케스트라의 지휘자를 소개시켜 주었다.

　일은 정말 빠르게 풀려 나갔다. 사진작가가 필요로 하는 것은 세팅이 완료된 공연 장소였는데 오케스트라의 지휘자가 흔쾌히 공연장을 공개해 주었던 것이다. 공연장에 가보니 작가가 원하는 커다란 악기, 일반적인 오케스트라 공연에는 잘 사용되지 않는 그 악기가 작가가 원하는 위치인 아주 구석진 곳에 안성맞춤으로 놓여 있었다. 나는 이런 것을 작은 '기적' 이라고 생각한다. 사진작가는 어린애처럼 기뻐했다. 나도 참 기뻤다.

　의외로 많은 사람들이 누군가의 도움을 필요로 한다. 독불장군으로 살기 힘든 것이 이 세상이다. 어떤 유명 인사는 어렵고 힘들 때일수록 더욱더 적극적으로 사람들을 도와주었더니 자신의 살길도 열리더라는 이야기를 했다.

　나는 그의 이야기에 공감한다. 나에게도 자신감이 넘쳐나 주위 사람들을 살펴보지 않았을 때보다 모든 것을 비우고 주위 사람들을 가슴에 담기 시작했을 때 많은 기회가 나를 향해 손을 흔들어주었고, 생각지도 못했던, 감동의 선물들이 도착했다. 물론 이 모든 것들은 내가 먼저 마음을 열지 않으면 나에게 오지 않는다.

3
　나는 지극히 평범해서 익숙해 보이는 (좋은 말로 친근해 보이는) 인상과 유쾌하고 활발한 성격 때문에 사람들과 쉽게 친해지고, 모임에 나가면 분위기 메이커, 해피바이러스라는 소리를 자주 듣는다.

외모가 까칠해 보이는 내 친구는 사람들과 처음 만나는 자리에 나갈 때는 큰 웃음을 끌어낼 수 있는 소재를 준비한다고 한다. 그러면 의외성 때문에 더욱 호감을 얻게 된다는 이야기도 잊지 않고 곁들인다. 그럴 수도 있을 것이다.

때로는 긴장하고 있는 상대를 향해 약간 망가져(?)주는 것도 분위기를 띄우는 하나의 방법이다. 나는 동문모임에 처음 나온 후배에게 '스스로 망가져 주셔서 감사합니다.'라는 문자를 받은 적이 있었다. 당시엔 내가 너무 설쳤던 것은 아닐까, 반성을 했었다. 하지만 그 후 나에게는 좀 어려웠던 자리에서 나도 약간 망가져(?)주신 분 덕분에 긴장을 풀 수 있었고, 그것이 얼마나 감사한 일인지 알게 되었다.

처음 참가하는 모임은 나도 어색하고 다른 사람들도 어색하다. 시선이 마주치면 활짝 웃어보자. 먼저 인사말이라도 건네보자. 상대방의 작은 장점이라도 놓치지 않고 칭찬하며 대화를 시작해 보자. 이러한 약간의 배려와 관심만으로도 상대방의 마음이 조금씩 열리고 있음을 실감할 것이다.

내가 사람들을 좋아하는 이유 중 하나는 그들 모두 나에게는 훌륭한 조언자이기 때문이다.

우리 가족은 속정은 깊지만 무뚝뚝하다. 사람들은 그런 우리 가족에게서는 들을 수 없는 칭찬과 격려를 나에게 해주었고, 덕분에 나는 더욱더 자신 있게 행동할 수 있었다.

어렸을 때 누군가에게 "너는 웃는 모습이 참 예쁘다."는 말을 듣고 아버지에게 달려가 "아빠, 나는 웃는 모습이 참 예쁘대요."라고 말한 적이 있었다.

그러자 아버지께서 말씀하셨다.

"하하하. 웃어서 안 예쁜 사람이 어디 있니?"

생각해 보니 그랬다. 웃는 여자는 다 예쁘다는 노래 가사도 있지 않은가. 그러나 나는 이 말에도 기대어 사람들을 향해 더욱 자신 있게 웃는다.

고등학교 때 한 친구가 나에게 이렇게 말했다.

"너는 칭찬을 참 잘하는구나. 너처럼 칭찬을 잘하는 애는 처음 봐."

참으로 고마운 친구였다.

상대방에게 그의 좋은 점을 알려주는 것은 근사한 일이다. 그것으로 인해 그는 자신감을 갖게 되고, 마치 날개를 단 것처럼 좋은 일을 더 많이 하게 된다. 때문에 나는 상대방이 지니고 있는 좋은 점을 찾고, 자신 있게 그것을 알려준다.

나는 이런 나의 행동이 친구나 주변 사람들이 어떤 판단을 내릴 때 중요한 요소로 작용한다는 것도 알게 되었다. 서로가 서로의 좋은 점을 칭찬해 주면, 모두들 자신 있게 행동하게 될 것이고, 그래서 즐겁고 행복하게 살아갈 수 있을 것이다.

▨ 선물 가득한 세상을 꿈꾸다

한때 '지하철에서 어느 아주머니와 시비가 붙은 아가씨가 똑 부러지게 아주머니를 이겨먹고 며칠 뒤 남자 친구의 집에 부모님을 뵈러 갔는데 시어머니가 바로 그 아주머니더라.'는 이야기가 사람들의 입에 오르내렸던 적이 있다. 또 몇 단계만 거치면 미국의 대통령과 연결될 수 있다거나 2.5단계에서 모든 사람들과 연결된다는 등의 이야기가 화제가 됐던 적도 있다. 실제로 누구나 한번쯤은 '처음 만나 인사한 사람이 나중에 알고 보니 내 친구의 친구였다.'는 식의 경험을 해봤을 것이다.

'낯선 사람은 없다. 아직 만나지 못한 친구가 있을 뿐이다.'라는 말은 아일랜드 속담이다.

처음부터 아는 사이는 없다. 내가 어떻게 대하느냐에 따라서 그들은 친구가 되기도 하고, 영원한 타인으로 남기도 한다.

친구의 개념을 너무 편협하게 정의하지 말자. 이 세상 어디에나 나를 반겨줄, 내가 도와줄, 나를 도와줄 친구가 있다고 생각하자. 나는 경험을 통해 친구는 많을수록 좋다는 사실을 알았다.

TV 다큐멘터리 클로징 멘트로 이런 말이 나온 적이 있다.

"세상은 아름다운 것이 아니라 아름답다고 착각하는 사람들에 의해서 아름다워지는 것이 아닐까?"

그전까지는 착각이라는 단어가 이처럼 멋진 면을 가지고 있는 줄 몰랐었다. 사람도 마찬가지 아닐까? 사람이라는 존재가 본디부터 아름다운 것이 아니라 아름답다고 착각하는 사람들에 의해서 아름다워지는 것이 아닐까?

나는 내가 가진, 내가 줄 수 있는 환한 미소와 작은 친절, 소박한 배려와 도움을 세상 사람들에게 선물로 주고 싶다. 그러면 선물을 받은 사람들은 또 다른 사람들에게 그들이 줄 수 있는 어떤, 또는 같은 선물을 줄 것이다. 뭔가 풍족해진 기분이 들어 나도 누군가와 함께 나누고 싶다는 생각을 하게 될 테니까.

그러다 보면 지하철을 탄 내 늙은 어머니도, 늘 선글라스에 개똥모자를 쓰고 다니면서 자신의 모습이 어떤지 물어보는 내 아버지도 친절이라는, 칭찬이라는 작은 선물을 누군가로부터 받을 것이다. 내 후배들도, 어린 조카들도 마찬가지다. 세상 사람들에게 관심과 사랑을 받은 내 후배들은 더욱 행복할 것이고, 베풂과 배려의 소중함을 배운 내 어린 조카들은 더욱 아름답게 살 것이다.

내가 꿈꾸는 세상은 사람에게서 용기를 얻고, 사람에게 희망을 주는 세상이다. 나는 나를 만난 사람들이 더 행복해지기를, 또 그 행복을 다른 사람들에게 나눠주기를 간절히 바란다. 그래서 이 세상이 더할 나위 없이 행복한 세상이 되기를 원한다.

우리 모두 그런 세상에서 살 수 있다면, 오늘을 산다는 것이 축복 아니겠는가?

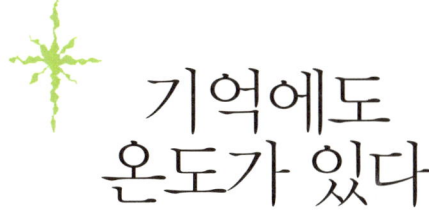

기억에도 온도가 있다

박정은

||||

나는 기억에도 온도가 있다고 생각한다. 생각할수록 싸늘해지는 기억이 있는가 하면, 돌이킬수록 마음을 따뜻하게 해주는 기억이 있는 것이다. 그 사람을 떠올리면 무엇보다 따뜻함이 느껴져야 좋은 느낌이 오래오래 가슴에 머물게 되는 것 아닐까.

||||

▣ 신경외과 410호의 꼬마 친구들

나는 기본적으로 사람 만나는 것을 좋아한다. 그러다 보니 어디서 어떤 사람을 만나든 쉽게 친해지는 편이고, 가슴에 남는 인연도 많다.

병원에 실려가 1차 수술을 받았을 때 병실에서 만난 사람들도 나에게는 소중한 인연이다. 내 인생에서 가장 아팠던 순간이었지만 그때를 생각하면 웃음이 나오는 건 소중한 이들이 옆에 있었기 때문일 것이다. 힘겨운 시간을 즐겁게 보내서인지 애틋함이 오래 남는다.

내가 여섯 살 한나와 여덟 살 다운이를 처음 만난 것은 강남성모병원 신경외과 병동 410호에서였다.

대학을 졸업하고 열심히 사회생활을 하던 2004년 1월 29일 밤, 두통에 시달리던 나는 결국 병원 응급실로 실려 갔다. 나는 밤새 검사를 받았고, 담당 의사는 다음 날 내 차트를 보며 살아 있는 것이 신기하다고 감탄하듯 말했다.

"더 놀라운 건 급성 뇌경색이 우뇌의 2분의 2를 덮칠 만큼 뇌경색이 심하게 온 사람답지 않게 말짱하다는 점입니다. 1mm만 더 진행했더라면 숨골을 쳐서 그 자리에서 숨졌을 겁니다."

그러면서 의사는 내 병명이 '모야모야' 라는 것을 알려주었다.

처음 든 생각은 '모야모야가 뭐지?' 였다. 모야모야는 일본 말로 '김이나 연기가 모락모락 피어오른다.' 는 뜻이다. 1950년대 후반 일본에서 발견되었고, 혈관 조영술을 했을 때 뇌혈관에서 그물 모양의 가느다란 이상 혈관이 연기가 올라가는 형태로 보인다고 해서 붙여진 이름이라고 한다. 이 이상 혈관들은 뇌혈류의 원활한 흐름을 방해하는데, 혈관이 막히면 뇌경색이 오고 혈관이 터지면 뇌출혈이 된다. 일반적으로 어린아이에게는 뇌경색이, 어른에게는 뇌출혈이 온다고 한다.

의사는 라면 국물 같은 뜨거운 음식을 식히려고 후후 불거나 많이 울고 난 후에 일시적으로 잠깐 팔다리에 힘이 빠지는 것을 모야모야 질환의 특징적인 초기 증세로 본다면서 나에게 이런 경험이 있었느냐고 물어보았다. 어릴 때 라면을 다 먹은 후에는 3~4분 정도 가벼운 마비 증상이 왔었다. 하지만 뇌에 문제가 있어서 그런 것이라고는 생각지도 못했었다.

나에게는 마른하늘에 날벼락이었지만 의사들이 그나마 멀쩡한 나를 보고 놀라워한 것은 당연한 일이었다. 당시 두 아이의 엄마였던 어느 환자는 모야모야로 인한 뇌출혈로 40일간 의식불명 상태에 빠져 있었고, 한나는 왼쪽 뇌 전체에 뇌경색이 와서 식도에 삽입한 관을 통해 음식을 공급받고 있었기 때문이었다. 피부가 하얗고 예쁘게 생긴 새침한 여자아이 한나는 좌뇌에 급성 뇌경색이 와서 사경을 헤매다 의식을 되찾았다고 한다.

한나는 중환자실에서 내가 있는 일반 병실로 옮겨졌는데 하필이면 언어 기능에 장애가 왔다. 의료진은 한나가 입으로 음식을 먹지 못하자 튜브를 코에 연결해 음식물을 공급해 주었다. 영양이 풍부한 음식물이어서 그 후부터는 한나의 몸 상태가 눈에 띄게 좋아졌다. 그러나 튜브가 얼굴과 머리를 감싸고 있는 모습이 조금은 낯설고 무섭게 느껴졌다. 그것은 남의 일이 아니었다. 한나와 나는 같은 병을 앓고 있었던 것이다.

현실은 냉혹했다. 나는 뇌경색으로 시신경이 파괴되어 방향감각을 잃어버렸고, 급성 뇌경색으로 인한 충격이 가신 후에는 결국 뇌수술을 해야 한다는 판정을 받았다.

절망적인 상황에 울면서 지내는 나를 도와준 친구는 여덟 살 다운이었다. 다운이는 화장실에 갔다가 병실을 못 찾고 헤매는 나를 데리고 다녔고, 밥 먹을 때 내 침대로 건너와 "입맛이 없겠지만 맛있는 거 많이 먹고 힘내세요."라며 나를 챙겨주었다. 나에게 기쁨이자 즐거움이며, 감동이었던 다운이는 목 근육이 잘못되어 수술을 받았다고 한다. 한나도 나이답지 않게 의젓한 다운이를 잘 따랐다.

　나와 다운이, 그리고 한나는 서로를 챙기며 힘든 나날을 이겨나갔다. 우리는 셋 중 한 사람이 검사를 받으러 갈 때는 함께 다녔다. 놀러 갈 때는 내가 앞장서고, 다운이와 한나는 내 뒤를 졸졸 따라다녔다.

　우리들이 친해진 만큼 보호자들도 친해졌다. 검사받을 때 조형제라는 방사능 물질을 투여하는데 견디기 힘들다. 그럴 때면 어머니는 나에게 용기를 북돋워주었다.

　"정은아 힘내! 엄마가 오뚝이인 거 알지? 너도 내 딸이니까 오뚝오뚝 엄마처럼 이겨낼 거야!"

　다운이와 한나, 그리고 두 아이의 어머니들도 나에게 응원을 보내주었다. 그들 덕분에 마음의 문이 열린 나는 병원에서 지내는 시간을 재미있게 보내야겠다는 생각을 했다.

　그러던 중 수술 날짜가 잡혔다. 나는 수술 날짜가 다가올수록 늘 후회하고 투덜거리며 살았던 그동안의 삶을 깊이 반성하게 되었다. 나는 수술실에 들어가면서 스스로에게 다짐했다.

　한 번뿐인 삶이다. 긍정적인 마음으로 밝고 즐겁게 살자. 긍정만이 살길이다.

　그 덕분인지 수술 후 내 몸은 다른 환자들이 놀랄 만큼 빨리 회복되었다.

　"모야모야, 넌 뭐야? 넌 왜 이리 말짱해?"

　어떤 환자 분이 이런 농담을 건넬 정도였다. 그 말에 모두들 웃음을 터트렸다.

　나는 수술실에 들어가면서 내 자신에게 했던 다짐을 실천해 나갔고, 병실 생활은 전보다 더 즐거워졌다. 마음이 기쁘니 결과는 당연히 좋을 수밖에.

　대한민국 의사들이 바쁘다는 것은 잘 알려진 사실이다. 하지만 환자도 바쁘다. 바쁜 의사 스케줄에 맞춰 검사를 받아야 하고, 틈틈이 병문안을 온 분들을 상대해야 하기 때문이다. 당시 나에게 병문안 온 사람이 100명이 넘었다. 더군다나 나는 한나나 다운이에게 병문안 온 분들과도 친해져서 쉴 틈이 없었다.

　우리 셋이 친하게 지내는 모습이 보기 좋아서였을까? 간호사 언니들은 늘 웃음꽃이 피어나는 우리 병실을 '사랑방'이라고 불렀다. 장래 희망이 간호사라며 간호사 언니들의 심부름을 도맡아했던 다운이는 특히 더 많은 사랑을 받았다.

　나는 퇴원하고 나서도 한나와 다운이와 꾸준히 연락을 주고받았다. 내가 가장 걱정했던 점은 한나가 언어 신경을 다쳐 말을 못하게 될지도 모른다는 것이었다. 그러나 언어 기능을 많이 잃었던 한나는 다행히 회복 단계에 있다. 당당히 초등학교에 들어간 한나의 상태는 입원했을 때보다는 훨씬 더 좋아졌고 꾸준히 치료를 받고 있다고 한다. 나는 어린 한나가 모야모야가 남긴 깊은 상처를 반드시 이겨내고, 행복하게 살아갈 거라고 믿는다.

　다운이는 어찌나 마음이 따뜻하고 배려심이 많고 정이 넘치는지

볼 때마다 나중에 다운이를 똑 닮은 딸을 낳고 싶다는 생각이 절로 든다. 다운이도 내 마음을 아는지 내가 친척 언니들보다 좋다는 말을 자주 한다. 내년에 중학생이 되는 다운이. 무럭무럭 커가는 다운이를 보면 감사한 마음이 든다.

나는 두 아이와의 소중한 인연이 계속 이어져 한나와 다운이가 내 아이들에게 좋은 이모가 되기를 원하고, 또 바란다.

■나의 설리번, 연규옥 국장님

우리는 살아가면서 수많은 사람을 만난다. 그 만남 중에는 내 안에 있는, 보이지 않는 가능성을 발견하도록 도와주는 좋은 만남, 복된 만남도 있다. 설리번과 헬렌 켈러의 만남처럼 말이다. 말하지도, 듣지도, 보지도 못하는 헬렌 켈러가 그 엄청난 장애를 딛고 일어나 위대한 여성이 될 수 있었던 것은 설리번 선생님 덕분이었다.

설리번은 마음 깊은 곳에서 우러나오는 사랑과 의지와 열정으로 어린 헬렌 켈러에게 말과 글을 가르쳤다. 설리반이 없었다면 헬렌 켈러는 평생을 어둠 속에서 보냈을 것이다. 그들의 이야기가 가슴에 와 닿는 것은, 크든 작든 신체적인 장애를 딛고 일어선다는 것이 얼마나 힘든지 누구보다 잘 알고 있기 때문이다.

솔직히 나는 수술을 받기는 했지만 뇌경색 따위는 나에게 어떤 영향도 미치지 않을 거라고 생각했다. 뇌 기능장애로 인한 후유증이 얼마나 심각한지 전혀 알지 못했던 것이다.

유학원 생활을 통해 교육 분야가 적성에 잘 맞고, 일도 즐겁다는 것을 알고 있었던 나는 재능교육 목동지국에 이력서를 냈다. 며칠 후 국장님에게 연락이 왔다. 면접을 보라는 것이었다. 국장님의 이름은 연규옥. 여자 분이었지만 굉장히 씩씩했다. 목소리는 우렁찼고, 웃음소리는 호탕하기 그지없었다.

목동지국 사무실을 찾아가 국장님과 대화를 나누다 보니 상대를 배려할 줄 아는, 마음이 따뜻한 분이라는 느낌이 들었다. 짜릿했다. 나는 솔직히 말했다.

"국장님 밑에서 일하고 싶습니다."

국장님이 헬렌 켈러를 돌보고 키운 설리번 선생님처럼 나를 키워줄 수 있을 것 같았다. 국장님도 내가 마음에 든다며 같이 일해 보자고 하셨다. 내 느낌은 정확했다. 국장님은 나보다 더 나를 믿어주었다. 참으로 감사했다.

나는 국장님을 믿고 학습지 선생님으로 다시 사회생활을 시작했다. 내가 사는 낙성대에서 목동지국 사무실까지 가려면 1시간 반 정도 걸렸다. 그 먼 길을 국장님과 일하고 싶다는 생각만으로 열심히 다녔다. 차가 없어서 지하철과 버스를 갈아타야 했는데 무거운 교재를 들고 다니면서도 크게 불편하다는 느낌은 들지 않았다. 문제는 다른 곳에 있었다.

아프기 전의 모습만 기억하고 있는 나는 초등학교 아이들을 가르치는 것은 문제없다고 생각했었다. 그러나 시작부터 심상치 않았다. 무슨 일이 있더라도 정해진 시간 안에 회원 집에 도착해야 했는데 나는 그러지 못했던 것이다. 남들은 약도만 보고서도 찾아가는 집을, 나는 꼬박 두 달을 다니고서야 간신히 찾아갈 수 있었다. 더군다나 수업과 학부모 상담까지 정해진 시간 안에 마쳐야 하는데 성격이 딱 부러지지 못해서 어머니들이 이것저것 물으면 대답을 하느라 그 뒤에 가야 할 집에는 지각하기 일쑤였다.

그뿐만이 아니었다. 한두 문제는 학생들과 함께 풀며 수업을 이끌어가야 하는데 문제를 풀면 다 틀리고, 학생이 문제를 제대로 풀지 못했으면 무엇이 어떻게 잘못됐는지 알려주어야 하는데 머리로는 알고 있지만 막상 손으로 계산을 하면 답이 나오지 않아 답답하기만 했다. 연산문제를 채점하다 갑자기 현기증이 나서 틀린 답에 동그라미를 친 적도 있었고, 주말을 몽땅 투자해 열심히 외웠던 한자 400자를 다음 날 바로 까먹은 적도 있었다. 학교 다닐 때는 교재 내용을 전부 외울 정도로 좋았던 암기력이 모야모야를 앓고 나서는 바닥 수준으로 떨어진 것이다.

나는 지국 사무실 안에서조차 자주 교재를 잃어버리곤 했다. 당시에는 기억력이 나빠져서 그런 줄도 모르고 왜 항상 내 교재만 없어지는지, 정말 마법 같은 일이라고 생각했었다. 그럴 때마다 지국 식구 13명이 하나가 돼서 내가 무사히 수업할 수 있도록 교재를 찾아주곤 했다. 덜렁거리긴 하지만 열심히 노력하는 모습이 그들의 마음을 움직인 듯했다.

나는 형편없이 떨어진 기억력에 절망하면서도 지국 사람들의 도움을 받으며 최선을 다해 수업을 준비했다. 그러나 역부족이었다. 결국 일곱 살 아이에게 아이가 공부해야 할 한자 100개와 고등한자를 혼동해서 말하고, 설명도 충분히 하지 못하는 상황이 벌어지고 말았다. 똑똑했던 아이는 그 일로 나에 대해 크게 실망을 했고, 아이 부모님은 목동지국에 선생님을 바꿔달라는 요청을 했다.

나는 그날도 교재를 찾느라 녹초가 되어 있었다. 내가 감당하기에는 너무 벅찬 현실이었다. 내 자신이 싫어졌다. 나는 대학교를 졸업한 후 캐나다로 어학연수를 다녀와서 유학원에 취업했었다. 처음에는 당연히 일이 서툴렀지만 차츰 적응이 됐다. 그때부터 일이 재미있어졌고, 일 처리 속도도 빨라졌다.

나는 누가 시키지 않았는데도 일주일 내내 야근을 했고, 입사한 지 두 달 만에 서른네 명의 유학생을 모집했다. 회사 사람들이 모두 놀란 기록적인 실적이었다. 그 일로 회사에 1억 원 이상의 순이익을 안겨주었던 나는 아이들을 가르치는 일 역시 처음에는 서툴러도 열심히 하면 좋은 결과를 낼 수 있을 거라고 믿었다.

하지만 내 믿음은 차가운 현실의 벽을 넘지 못하고 무너지기 시작했다. 좀처럼 적응하지 못하고 힘겨워 하는 내 모습은 내가 봐도 너무나 끔찍했다.

나는 국장님을 찾아가 진지하게 말했다.

"저는 도저히 이 일을 못할 것 같아요."

국장님은 울먹이는 나를 바라보다 무겁게 입을 열었다.

"지금이 네 인생에서 가장 힘든 시간일 거야. 나도 알아. 하나만 약속할게. 네가 스스로를 포기하지 않는 한 너를 도와주겠다는 것. 내가 먼저 너를 놓는 일은 결코 없을 거라는 것. 너에게 주어진 상황을 이겨내려면 많은 노력과 시간이 필요할 거야. 생각보다 오래 걸릴지도 몰라. 하지만 크게 될 사람은 늦게 이루어지는 법이야. 명심해. 예전의 모습과 지금의 모습을 비교할수록 힘들어지는 건 바로 너야. 지금은 참고 또 참는 수밖에 없어."

국장님의 말은 나에게 큰 힘이 되어주었다. 나는 예전보다 지능이 떨어져 학생들을 가르치기 힘들다는 사실을 인정하고, 부족한 부분은 노력으로 채워나가겠다고 굳게 다짐했다. 국장님뿐만 아니라 지국 선생님들도 내 상황과 마음을 이해하고 배려해 주었다. 나는 그분들의 도움에 힘입어 차츰 안정을 찾아갔다.

나는 겨울에는 사무실에서 학습지를 그만둔 회원들에게 전화를 걸어 다시 학습지를 신청하도록 유도하는, 이른바 '복회콜'을 했다. 날씨가 차가워지면 내 몸 상태가 심하게 나빠진다는 것을 국장님이 알고 있었던 것이다. 국장님은 내 옆에 앉아 전화를 거는 요령, 사람 대하는 방법 등등을 세심하게 지도해 주었다. 국장님의 개인 지도 덕분에 나는 우수 교사로 뽑히기도 했다.

■국장님과의 잊지 못할 추억

국장님과의 추억은 시간이 흘러도 희미해지지 않는다. 오히려 늘 새롭기만 하다.

어느 추운 겨울날이었다. 시간은 저녁 10시가 넘어 있었고, 날씨는 을씨년스러운 데다 배까지 고파 불쌍한 표정으로 국장님에게 감자탕을 사달라고 졸랐다. 국장님도 출출했는지 사무실에 남아 있는 선생님들을 이끌고 감자탕 집으로 갔다. 하지만 그날따라 입맛이 없다며 잘 먹지 않는 선생님들이 많았다. 그래도 나는 즐거운 마음으로 그분들 몫까지 거의 3인분 이상을 먹어치웠다. 꾸역꾸역 다 먹고 나니 새벽이었다. 선생님들은 각자의 집으로 갔고, 나만 국장님을 따라갔다.

나는 잠을 잘 때 옆에 있는 사람을 꼭 끌어안거나 얼굴을 들이대는 독특한 버릇이 있다. 그 때문에 함께 잔 국장님이 불편을 겪었던 모양이었다. 다음 날 국장님이 정색을 하며 나에게 말했다.

"도대체 넌 내 신랑보다 더 가까이 얼굴을 들이대고 자면 어떻게 하니?"

그러나 이미 벌어진 일을 어찌하리요. 최대한 송구스러운 표정으로 혀 짧은 소리를 내며 아양을 떨 수밖에.

"호호호, 국짱님 놀래셨어여."

내가 아양을 떨면 국장님은 화를 내다가도 스르르 풀어졌다.

"너랑 나랑 전생에 어떤 사이였기에 내가 이리도 너를 챙기는지 모르겠다."

국장님은 가끔 엉망으로 채워져 있는 내 코트 단추를 풀고, 다시 채워주며 말하곤 했다. 그러면서 푸념하듯 덧붙였다.

"너는 지국장을 네 개인 비서로 아는 것 같다."

하지만 못마땅한 말투와는 달리 국장님은 내가 사고 친 부분을 해결하느라 항상 바빴다. 덕분에 나는 수업에만 전념할 수 있었다.

무더웠던 여름날의 일도 잊을 수 없다.

나는 목동7단지 아파트를 뜨겁게 달구어진 대형 프라이팬에 올려진 닭처럼 뛰어다니며 열심히 수업을 하고 있었다. 그때 국장님에게 전화가 왔다. 국장님은 자신의 차가 주차되어 있는 곳을 알려주며 잠깐 와보라고 했다. 순간 걱정이 되었다. 중간에 그만두는 회원이 많아 지국에 큰 도움을 주지 못했던 것이 마음에 걸렸던 것이다.

나는 꾸중을 들을 각오를 하고 국장님이 있는 곳으로 갔다. 운전석에 앉아 나를 기다리고 있던 국장님은 조그만 아이스박스에서 아이

스크림을 꺼내 들고 밖으로 나왔다.

"요즘 많이 힘들지? 시원하게 먹고 힘내! 이게 내 사랑의 표현이야."

가슴이 뭉클해졌다. 국장님은 내 가슴에 감동의 화살 한 방을 정확하게 쏜 셈이었다.

"남은 수업 잘하고 오늘 하루도 파이팅!"

그러더니 국장님은 차를 몰고 유유히 사무실로 돌아갔다.

하지만 국장님이 나만 챙긴 것이 아니었다. 모든 직원을 마치 친자식 대하듯 한 명 한 명 사랑으로 챙겨주었다. 나는 그런 국장님을 보면서 리더란 부하 직원을 사랑으로 보살피고, 배려해야 한다는 것을 알았다. 그래야 아랫사람들이 진심으로 따른다는 것도. 그것이 진정한 리더십이었다. 나도 국장님처럼 되고 싶었다. 국장님은 나의 멘토이자 내 삶의 롤 모델이었다.

나는 일주일에 한 번은 국장님 옆에 앉아 회원 집에서 있었던 일이나 좋았던 일을 말하는 애교 시간을 가졌다. 국장님이 일에 방해된다며 아무리 구박해도 꿋꿋하게 애교를 떨었다. 국장님도 은근히 나와 수다를 떠는 시간을 좋아했던 것 같다.

하지만 회사에는 위계질서라는 것이 있다. 지국의 최고 어른이 그것을 무시할 수는 없는 일이었다. 때문에 국장님은 공식적인 일은 반드시 팀장을 통해 지시했다. 조직에는 체계가 있다는 인식을 나에게 심어주기 위해서였다. 그리고 내 우려와는 달리 지국 선생님들은 국장님과 나 사이를 질투하거나 시샘하지 않았다. 오히려 자신들보다 부족해 보이는 나를 많이 도와주었다.

학습지 선생님들은 회원을 직접 관리하고, 회원 수가 많을수록 급여도 많이 받아간다. 따라서 개인적인 성향이 강할 수밖에 없다. 하지만 목동지국 선생님들은 단합이 잘되기로 유명했다. 모두 '마음의 화합'을 강조하고 세세한 부분까지 챙기는 국장님 덕분이었다. 국장님은 선후배 사이에 멘토와 멘티 체제를 갖추어야 한다는 것, 팀원들은 팀장을 중심으로 뭉치고, 다른 팀과의 경쟁을 통해 서로 발전되어 나가야 한다는 것을 강조했다.

▪기억에도 온도가 있다

국장님의 배려는 내가 학습지 선생님으로 자리를 잡는데 큰 도움을 주었다. 하지만 팀장님과 다른 선생님들의 보살핌이 없었다면 '박정은 선생님'은 아마 없었을 것이다. 그분들이 나를 따뜻하게 감싸주었기에 수많은 실수와 사고를 저지르고도 살아남을 수 있었던 것이다.

물론 나 자신도 나름대로 많은 노력을 했던 것은 사실이다. 나는 예전에는 논리적이고 명확한 것을 좋아했다. 말도 똑 부러지게 했다. 그러나 1차 수술을 받고 학습지 선생님이 된 후에는 먼저 상대방 입장을 살피고 말도 부드럽게 하려고 노력했다. 부족한 내가 홀로 서기 위해서는 상대방의 마음을 다치지 않으면서 설득하는 능력을 키울 수밖에 없다는 판단을 했던 것이다. 내 자랑을 하는 것 같아 쑥스럽지만, 부단히 노력한 결과 애교와 유머로 실수를 만회하고, 주위 사람들이 지치지 않도록 관리하는 능력은 상당히 좋아진 것 같다.

당시 나와 가장 친하게 지냈던 사람은 경영 지원 담당 강혜인 씨였다. 사무실에서 가장 즐거웠던 시간은 국장님과 강혜인 씨와 함께 떡볶이와 순대를 먹으며 교재를 정리할 때였다. 강혜인 씨와 나는 코드가 잘 맞았다. 좋아하는 음식도 비슷했다. 그러나 혜인 씨는 덜렁거리는 나와는 달리 꼼꼼한 편이었다.

나는 다른 선생님들과는 달리 일주일에 한 번은 학부모님들에게 알림장 형식으로 편지를 보냈다. 혜인 씨는 내가 쓴 편지를 읽고 이런저런 점들을 지적해 주었고, 예쁘게 디자인까지 해주었다. 덕분에 나는 2년 동안 한 번도 거르지 않고 학부모님들께 예쁜 알림장을 드릴 수 있었다.

혜인 씨의 존재가 특히 빛날 때는 회식을 하고 난 후였다. 국장님이 술을 좋아해서 회식 자리가 자주 있었고, 한 번 두 번 참석하다 보니 술 마시는 즐거움을 알게 되었다. 그런데 문제가 있었다. 소주를 두 병 이상 마시면 예측불허의 행동을 한다는 것이었다.

어느 날인가는 술을 마시고 노래방을 갔는데 갑자기 하늘을 날고 싶어졌다. 그러나 사람이 어찌 하늘을 날 수 있겠는가. 날고 싶지만 날지 못하는 닭의 안타까운 심정을 알 것 같았다.

　나는 소파에서 뛰어내리며 푸득푸득, 다양한 손짓과 발짓을 했다. 그러다 갑자기 슈퍼모델 출신 이소라의 「다이어트 비디오」에서 본 장면이 생각나 그 즉시 소파에 요염하게 누워 운동을 하면서 외쳤다.
　"내가 지금 하늘을 날고 있는 중이거든! 나 잡아봐라!"
　순간 정말 하늘을 훨훨 날고 있다는 느낌이 들었다. 꽉꽉 막힌 곳에서 해방된 기분이랄까. 지금도 그때를 생각하면 짜릿하다.

　한번은 이천 도자기마을로 MT를 갔었다. 모야모야로 인한 기억장애로 실수하는 일이 많아 계속 회원이 줄어들 때였다. 속이 상해 있던 나는 빠른 속도로 소주 두 병을 마셨다. 그러자 제정신이 아닌 상태로 접어들기 시작했다.
　"나 잡아봐라."
　나는 벌떡 일어서서 소리쳤다. 주위 사람들이 일제히 나를 쳐다보았다. 나는 혼자 얼음땡 놀이를 하다가 토끼처럼 깡충거리며 방과 방 사이를 오갔다. 한쪽 방에서는 사람들이 이불 속에 다리를 집어넣고 옹기종기 모여 앉아 수다 떨고 있었다. 나는 멋지게 팔다리를 쫙 벌리고 그들 속으로 뛰어들었다.
　"슈퍼맨!"
　그 순간 다들 멈칫 하는 기운이 느껴졌다. 잠시 후 국장님 목소리가 들렸다.

"우리 정은이는 행동이 범상치 않지? 그런데 뒷모습이 튼실한 게 더 범상치 않네."

그 목소리가 취중이었지만 생생하게 들렸다. 한 후배 선생님은 이런 내 모습을 동영상으로 촬영했다. 나중에 내 남편에게 돈 받고 팔려고 찍어두었다고 한다.

내가 이처럼 회식 자리에서 편하게 술을 마시고 마음 내키는 대로 행동하는 것은 믿고 의지하는 혜인 씨가 있기 때문이었다. 혜인 씨는 술 취한 나를 잘 보살펴주었다. 우리는 재능교육을 그만둔 후에도 계속 안부를 주고받으며 서로의 일상을 챙긴다.

무엇보다도 혜인 씨는 내가 쓴 글을 좋아했다. 글을 읽은 후에는 항상 나를 격려해 주었다. 때로는 따끔한 충고도 아끼지 않았다. 나에게는 소중한 팬이자 언니 같은 동생이었다.

혜인 씨는 나에게 말하곤 했다.

"박정은 선생님은 재능교육에서 함께 근무했던 선생님 중에서 유일하게 연락이 되는 분이에요. 선생님이 옆에 있어서 얼마나 좋은지 몰라요."

나 역시 혜인 씨가 옆에 있어서 좋다. 고맙다.

나는 기억에도 온도가 있다고 생각한다. 생각할수록 싸늘해지는 기억이 있는가 하면, 돌이킬수록 마음을 따뜻하게 해주는 기억이 있는 것이다.

그 사람을 떠올리면 무엇보다 따뜻함이 느껴져야 좋은 느낌이 오래오래 가슴에 머물게 되는 것 아닐까.

국장님과 혜인 씨는 물론 함께 근무했던 선생님들에 대한 기억도 참 따뜻하다. 나도 그들처럼 나를 만난 사람들에게 따뜻한 기억을 남기고 싶다.

■나를 행복하게 만든 학부모님들

내 가슴에 따뜻하고도 행복한 기억으로 남아 있는 사람들은 또 있다. 바로 학부모님들이다. 처음엔 어머님들을 대하는 것이 어렵기만 했었는데 일주일에 한 번 전화나 알림장으로 아이들의 학습 상태에 대한 이야기를 나누면서 좀 더 편하게 다가갈 수 있었다. 그 후에는 문자 메시지를 주고받으며 차츰 신뢰를 쌓아나갔다.

내가 드리는 알림장을 두 손으로 공손히 받아주시는 어머니. 그분은 알림장을 냉장고에 붙여놓고 찾아오는 손님들에게 내 자랑을 한다고 했다. 봉사활동 모임에서 알림장을 읽으며 내 자랑을 한다는 어머니도 있었다. 명절이나 스승의 날에는 집집마다 좋은 선물을 안겨줘서 결국에는 택시를 타고 다녀야 했지만 무척 행복했었다.

한여름, 감기에 걸려서 고생할 때 나에게 삼계탕을 만들어준 어머니. 그분은 내게 이렇게 말했었다.

"오늘은 수업하지 말고 이거 먹고 좀 쉬었다 가세요."

때마다 몸에 좋은 매실이나 보약 등을 챙겨주었던 어머니들. "아이에게 칭찬도 많이 해주시고 관심을 가져주셔서 너무 고맙다."며 상품권과 함께 감사의 편지가 들어 있는 봉투를 내 손에 쥐어준 어머니들. 모두 고마운 분들이다.

많은 어머니들이 내가 재능교육을 그만둔다는 이야기를 듣고 "열심히 하시는 모습이 너무 보기 좋았다."면서 여러 가지 선물을 안겨주었다. '수업하실 때마다 아이에게 자신감을 듬뿍 주시고 문자로는 관심과 사랑을 주셨던 선생님에게 감사드려요. 어디에 계시든 늘 건강하시고 행복하게 지내시길 기원할게요!' 라는 내용의 문자와 이메일을 보내준 어머니들도 있었다. 또 "선생님을 만난 것은 행운"이라며 남자 친구에게서도 받지 못했던 꽃바구니를 안겨준 어머니도 있었다.

나는 마지막 수업을 마치자 말을 잘 듣지 않던 녀석들이 우는 모습을 보고 열정을 바친 2년의 시간이 헛되지 않았다는 것을 알았다. 감사했다.

나는 지금도 3년 전에 인연을 맺은 학부모님들과 연락을 주고받는다. 한 분 한 분 모두 나에겐 따뜻한 기억으로 자리 잡고 있다. 그중에서도 유난히 기억에 남는 분은 한 달에 한 번은 꼭 전화 통화를 하거나 직접 만나는 우혁이 어머님이다.

  우혁이 어머니는 발이 넓고 정 많고 호탕한 분으로 아파트 주민들을 꽉 잡고 있었다. 어머니가 친하게 지내는 이웃집 아이들의 나이는 대부분 4세부터 10세 정도였다. 어머니들도 나이가 비슷해 서로 소개시켜 주면서 사이좋게 지냈다. 나는 그분들이 초대한 삼겹살 파티에 참석해 음식을 맛있게 먹고, 정해진 순서대로 돌면서 아이들을 가르쳤던 적도 있었다.

  나는 수업을 하다 아이들이 지루해 하는 것 같으면 노래를 불렀다.
  "숲 속 작은 집 코알라~ 아무것도 모르는 코알라~ 엄마 품에 안겨서 코알라 코! 코! 코! 코! 잠이 들었네~ 코알라!"
  이 노래는 내 수업의 주제가나 마찬가지였다. 나는 그 노래를 시작으로 누가 더 깜찍하고 예쁜 표정으로 율동을 하는지 경쟁이라도 하듯 아이들과 함께 동물 흉내를 내며 메들리로 노래를 부르곤 했다.
  아이들과 게임을 하다가 흥분해서 이성을 잃고 몰입하는 내 모습이 우습기도 했고, 내가 과연 선생님이 맞나, 하는 의심도 들었다. 하지만 아이들은 이렇게 함께 어울려 수업하는 것을 무척 좋아했다. 내 수업 방식을 잘 알고 있는 어머니들은 내가 아이들을 가르치기 시작하면 자리를 피해 주었다.
  그러나 나를 좋아하는 어머니들도 내가 자주 물건을 흘리고 다니자 고개를 갸우뚱거렸다. 건망증이 심한 선생님에게 자식을 맡기기가 불안했던 모양이었다. 그럴 때마다 우혁이 어머니가 나서서 나에게 실망한 분들을 다독이곤 했다.

"우리 선생님, 크게 아파서 큰 수술까지 받았었대. 그래서 그런가 봐. 우리가 이해해 주자."

우혁이는 일기를 한자로 쓰고, 심심하면 인터넷을 뒤져서 물리 공식이나 화학 공식을 찾아내 스스로 공부하는 아이다. 한마디로 영재인 것이다.

나는 2008년 5월에 모 회사에서 초등학교 3~6학년 학생들을 대상으로 미국 아이비리그 무료 탐험단을 선발한다는 신문기사를 읽고 우혁이 어머니에게 전화를 걸어 그 내용을 알려주었다. 수업 시간에 나노 기술 공식을 낙서하듯 교재에 적는 우혁이라면 당연히 합격할 거라는 생각이 들었던 것이다.

내 예상대로 우혁이는 무난하게 합격해서 미국 아이비리그를 둘러보고 돌아왔다. 우혁이는 내가 미국에 다녀온 소감을 묻자 하버드대학교의 건물은 너무 낡았다면서 자신은 개인적으로 MIT가 더 좋았다고 말했다.

우혁이네 집은 직업 군인인 아버지를 따라 동두천으로 이사를 갔다. 거리가 멀어 시내에 나오기가 부담스러울 텐데 어머니는 내가 2차 수술 받고 퇴원하던 날 일부러 신촌 세브란스병원까지 와주었다. 선생님과 학부모로 만났지만 우혁이 어머니는 나를 친동생처럼 아끼고 사랑해 준다. 그 마음에 보답을 하기 위해서라도 나는 우혁이에게 좋은 이모가 되고 싶다. 우혁이가 커가는 모습을 함께 지켜보며 내가 줄 수 있는 모든 도움을 조용히 베풀고 싶다.

■내 꿈을 이끄는 선생님들

나는 2008년 5월 8일 어버이날 2차 수술을 받았다. 갑작스러운 동생의 죽음으로 큰 충격을 받아 몸 상태가 급격히 나빠졌던 것이다. 지금 생각해 보면 동생을 떠나보냈던 시간, 그 긴 터널을 어떻게 지나왔는지 신기하다. 이상하게도 나는 그 시간이 마치 꿈을 꾼 듯 선명하게 기억나지 않는다. 마치 의도적으로 기억상실증에 걸린 것 같다.

당시 나는 혀가 말려 들어가 다시는 말을 할 수 없게 되는 줄 알았다. 하지만 다행히 2차 수술도 성공적으로 끝났고, 나는 다시 일상으로 돌아올 수 있었다. 동생을 잃은 아픔만이 가슴 한구석에 짙게 남아 있을 뿐이었다.

나는 점차 몸이 회복되면서 얼마 남지 않은 20대, 마지막 1년을 잘 마무리해야겠다는 생각을 했다. 그때 떠오른 사람이 바로 다음카페 '쇼호스트사랑회'에서 알게 된 김효석 교수님이었다.

나는 관심은 많았지만 몸이 통통하고 얼굴이 비대칭이라는 이유로 쇼호스트에 도전하지 못하고 있었다. 그러나 2차 수술을 받고 나서 생각이 달라졌다. 위기는 곧 기회라는 말이 있다. 움츠렸다 뛰는 개구리가 더 멀리 뛴다는 말도 있다. 그랬다. 모야모야가 내 발목을 붙잡고 놔주지 않는 지금이 나에게는 오히려 도약할 수 있는 기회였다.

나는 교수님을 찾아가기 전에 여러 가지 사정으로 하지 못했던 일을 했다. 먼저 학습지 선생님으로 일할 때 학부모님들과 지인들에게 편지 형식으로 써서 보낸 글을 모아 모 출판사에 의뢰해 두 권의 책을 만들었다. 한 권은 학부모 편이었고, 한 권은 직장인 편이었는데 책 제목은 『아름다운 도전』으로 지었다. 나는 이 책을 '2008년 조선일보 논픽션 공모전' 담당자에게 보냈다.

공모전에는 아쉽게 떨어졌지만 나는 표지에 예쁘게 내 사진을 넣은 그 책을 만나는 사람들에게 나누어주었다. 이를테면 홍보 수단(?)으로 사용한 것이다. 김효석 교수님을 찾아갈 때도 그 책을 들고 갔다. 공주영상대 쇼핑호스트과 전임교수이자 김효석아카데미의 원장이기도 한 교수님은 보험회사 영업사원을 거쳐 평화방송에서 아나운서로 일하다 CJ홈쇼핑에서 쇼호스트에 도전해 2001년 연매출 1,360억 원을 올린 분이다. 분당 최고 매출액은 900만 원으로 교수님은 그 분야에서는 신화적인 존재였다.

내가 김효석 교수님에게 배워야겠다고 마음먹은 이유는 김효석사단이 있을 정도로 많은 제자들을 키워낸 분이기 때문이었다. 제자들에 대한 열정과 애정이 큰 분이라고 생각했던 것이다.

내가 김효석 교수님을 찾아갔을 때는 마침 외출 중이어서 교수님

대신 성대원 선생님이 반갑게 나를 맞아주었다. 그렇게 김효석사단과의 만남이 시작되었다. 뒤늦게 오신 교수님은 내 상황이 어렵다는 것을 알고 특별히 수업료를 할인해 주었다. 그날 저녁도 사줘서 맛있게 먹었다.

김효석 교수님이 엄격한 학자 스타일인 반면에 성대원 선생님은 연극인 출신답게 끼가 넘치는 분이었다. 나는 김효석 교수님보다는 성대원 선생님이 더 편했다. 선생님은 어려웠던 어린 시절과 끼를 주체할 수 없었던 학창 시절의 이야기를 들려주었다. 아무리 어려워도 포기하지 않고 최선을 다해 역경을 딛고 일어선 분을 어찌 존경하지 않을 수 있겠는가. 나는 마치 엄마 같은 성대원 선생님에게 속마음을 모두 털어놓았다.

김효석 교수님과 성대원 선생님의 수업을 듣는 것은 새롭고 즐거운 경험이었다. 두 분이 수업 시간에 뿜어내는 포스는 신선하면서도 충격적이었다. 김효석사단에 속해 있는 현직 쇼호스트들과 DJ들이 와서 직접 수업을 하기도 했는데, 그것은 정말 흥미진진했다.

나는 동기인 양성반 학생들이 날씬하고 예뻐서 주눅이 들기도 들었지만 꿋꿋하게 수업을 들었다. 나도 말을 잘한다고 생각했지만 아카데미에 모인 학생들의 수준은 놀라울 정도였다. 그들은 지금 쇼호스트나 방송 리포터로 활발하게 활동하고 있다.

수술 받은 지 얼마 안 되는 나는 배에 힘을 줄 수 없어 발성과 발음이 제대로 되지 않았다. 결국 동기 중에서 유일하게 나만 전문반으로 가지 못했다. 그러나 3개월 동안 포기하지 않고 열심히 노력한 것에 만족했다. 나는 새벽 6시에 일어나 아침 방송부터 하루 4시간씩 뉴스 리딩을 했고, 저녁 7시부터 12시까지 진행되는 수업을 빠짐없이 들었다. 프로가 되려면 피나는 노력을 해야 한다는 것을 알았다는 것만으로도 나에게는 귀중한 경험이었다.

나는 쇼호스트는 태어나는 것이 아니라 끊임없는 노력으로 만들어진다는 것을 배웠다. 그리고 나에게는 쇼호스트로서의 자질은 없지만 기업 강의를 하는 강사로서의 가능성은 있다는 것을 알았다.

나는 성대원 선생님을 찾아가 내 생각을 말씀드렸다. 선생님은 기업에서 강의를 하려면 석사학위가 필요하다며 대학원에 등록하라고 했다. 나는 선생님의 말씀을 듣고 대학원에 편입해서 공부하기로 마음먹었다. 나에게 부족한 점이 무엇인지 알았다는 것만으로도 큰 소득을 얻은 셈이었다. 아무리 많은 시간이 걸려도 포기하지 않고 준비할 것이다. 그것은 너무나 분명한 사실이다.

김효석 교수님과 성대원 교수님은 내가 수술 받은 지 얼마 안 되었다는 사실을 알고 여러 가지로 많은 배려를 해주었다. 고마운 분들이다. 나는 건강을 되찾고 부족한 공부를 마친 후에는 경쟁력 있는 강사가 될 수 있는 콘텐츠를 찾아내 다시 도전할 것이다. 내가 꿈을 이룰 때까지 부족한 나를 포기하지 않고 이끌어주겠다는 스승님이 있다는 것은 참으로 큰 행운이다.

■내 인생의 마지막 다이어트

　김효석 교수님 밑에서 공부해야겠다고 결심하자 먼저 내 몸에 붙은 살이 마음에 걸렸다. 어떻게 해야 하나, 고민하던 그 무렵 신문을 들척이다 우연히 눈에 확 들어오는 광고 카피를 발견했다. 그것은 바로 '내 생애 마지막 다이어트'라는 문구였다.
　나는 당장 쥬비스 관악점을 찾아가 김은경 원장님에게 상담을 받았다. 원장님은 회원들의 자료를 보여주며 진행 과정과 예상 결과를 설명해 주었다. 그러면서 살이 한꺼번에 많이 빠지는 것이 아니라 조금씩, 그러나 꾸준히 빠지게 될 거라는 점과 체지방이 빠진다는 점을 강조했다. 원장님은 살뿐만이 아니라 음식과 다이어트에 대해 잘못 알려져 있는 부분을 일러주기도 했다. 처음부터 끝까지 미소를 잃지 않고 친절하게 상담에 응하는 모습이 무척 인상적이었다. 원장님이 말했다.
　"세끼 잘 먹고 잘 자서 몸이 건강해지면 살은 자연스럽게 빠지게 됩니다. 무엇보다 중요한 것은 건강을 되찾는 것입니다. 다이어트와 건강은 별개가 아닙니다. '하나'입니다."
　내가 알고 있던 상식을 깨뜨리는 충격적인 말이었다.
　나는 다이어트를 하기로 결심했지만 여전히 의심스러워 원장님에게 물었다.

"제 몸무게가 적정 수준까지 떨어지는 날이 올까요?"
묘한 내 질문에 원장님은 확신에 찬 미소로 답해 주었다.

나는 그 후 김효석아카데미에 등록했고, 함께 수업을 듣는 날씬한 학생들을 보면서 다이어트는 필수 과제라는 것을 알았다. 내가 통통한 이유는 살찌는 것을 우습게 여겼기 때문이었다. 말로만 다이어트를 했기 때문이었다. 이제는 보다 적극적으로 나설 필요가 있었다. 아무것도 이룬 것 없이 20대를 보내기는 정말 싫었다.
 다이어트를 하기로 한 것은 뛰어난 선택이었다. 나는 다이어트를 통해서 많은 것을 얻었다.
 뇌경색이 오기 전부터 이미 내 몸 상태는 나빠져 있었다. 1년치 월급을 경락 마사지에 쏟아 부을 만큼 심각했다. 경락 선생님은 1차 수술을 받은 나에게 신문을 보여주며 내 허벅지와 팔뚝이 비정상적으로 두꺼운 것은 뇌혈관이 손상을 입어 호르몬이 엉망으로 분비되기 때문이라고 말했다. 나는 그 말을 믿고 무엇을 해도 소용없다는 생각에 내 자신을 방치한 채 살았다.
 하지만 쥬비스를 다니면서 살이 찌는 요인에는 여러 가지가 있다는 것을 알게 되었다. 식단의 중요성에 대해서도 알게 되었고, 모야모야만이 살이 찐 원인이 아니라는 점도 알게 되었다. 원장님은 자신의 몸무게를 적정 수준으로 만드는 것은 무엇보다도 자기 몸에 대한 예의라고 말했다. 충분히 공감이 가는 말이었다. 나는 일반적인 다이어트와는 달리 세끼 모두 몸에 좋은 음식을 먹으면서 살을 뺐는데 갈수록 건강해지는 것을 느꼈다.

　살을 빼는 이유 중 하나는 사람들에게 잘 보이고 싶어서일 것이다. 하지만 다이어트는 결코 쉬운 일이 아니다. 꾸준한 노력이 필요하다. 가장 중요한 것은 처음 다이어트를 시작할 때의 마음을 잃지 말아야 한다는 것이다. 그러기 위해서는 긴장의 끈을 놓쳐선 안 된다. 나는 성실함과 꾸준함은 다이어트의 기본이자 모든 일을 이루어내는 기본이라는 것을 알았다.

　하지만 조금씩 살이 빠지자 왠지 조급해지기 시작했다. 스트레스도 심해졌다. 나는 문제점이 무엇인지 알고는 있었지만 좀 더 명확한 대답을 듣고 싶어 원장님을 찾아갔다. 원장님은 내 고민을 듣더니 무겁게 입을 열었다.

　"모야모야 때문에 다이어트 속도가 남들보다 늦다고 생각하고 조바심을 내서는 안 돼요. 세상에 정해진 선은 없습니다. 나이 서른이면 어떤 사람이 되어 있어야 한다는 원칙은 없다는 뜻이에요. 본인이 만들어놓은 기준에 갇히지 말고, 보다 멀리 앞을 내다볼 수 있는 여유를 가지고, 세상을 바라보는 안목을 기르세요. 늦었다는 사실을 있는 그대로 받아들이고 한 단계, 한 단계 성실하게, 꾸준히 나아가세요. 천릿길도 한 걸음부터라는 말이 있지 않습니까? 여유로운 마음으로 단계를 밟아가는 것이 무엇보다 중요합니다. 단, 더 이상 실수를 해서는 안 됩니다."

그러면서 원장님은 내가 실패했다고 느끼는 근본적인 이유는 욕심이 앞서서 달성 기간을 넉넉하게 두지 않았기 때문이라고 했다. 되도록 빠른 시간 안에 살을 빼겠다는 욕심이 실패를 불렀다는 것이다. 나는 깜짝 놀랐다. 맞는 말이었던 것이다. 나는 목표를 정하면 무슨 수를 써서라도 단기간 내에 결과를 내야 직성이 풀리는 성격이었다. 스스로 정한 기간 내에 원하는 것을 얻지 못하면 쉽게 좌절했다.

원장님의 조언은 나에게 큰 힘이 되었다. 당시 나는 취직이 되리라고 믿었던 회사로부터 함께 일할 수 없다는 통지를 받은 상태였다. 내 기억력에 문제가 있다는 것이 그 이유였다. 답답해진 나는 국가에서 처음으로 모야모야에 걸린 사람들의 뇌기능을 임상실험을 한다는 소식을 듣고 테스트를 받아봤다. 결과는 참담했다. 기억력이 초등학교 1학년 수준이라는 것이었다.

서른을 앞두고 벌어진 이 일들은 나에게 깊은 절망감을 안겨주었다. 정말 이렇게 비참하게 거절만 당하다 내 삶이 끝나는 것은 아닐까 두려웠다. 내 자신이 마치 어둠 속에서 폭풍우를 만나 방향을 잃은 채 떠내려가는 배의 선장처럼 느껴졌다. 그런 나에게 김은경 원장님은 행복의 주도권은 바로 나 자신이 쥐고 있다는 것을 알려주었다.

"누군가를 뒤쫓아가지 말고 당분간 자신을 만들기 위한 시간을 가지세요. 선택당하는 사람이 아닌 선택하는 사람이 되세요."

원장님의 조언은 내가 가야 할 길을 제시해 주는 등대의 등불과도 같았다.

나는 그때부터 예전에 다녔던 유학원 취업을 목표로 토익 공부에 전념했다. 경제적으로 여유롭지 못해 직장생활을 하며 대학원에 다닐 생각이었던 것이다. 그 때문인지 요요현상이 와서 다시 살이 찐 나에게 원장님은 이렇게 말했다.

"음식, 운동, 식단, 수면 등이 잘 어우러져서 몸이 즐거운 다이어트가 되어야만 살이 빠집니다. 마찬가지로 사회생활을 즐겁게 하고 보람과 행복을 찾으려면 한 가지 일에만 집중해서는 안 됩니다. 동시에 여러 상황을 어우르고 아우르는 조화 능력이 있어야 합니다. 이 같은 능력은 30대가 지녀야 할 덕목이기도 합니다."

나는 원장님의 말을 듣고 깊이 반성했다. 원장님은 '동시에 여러 가지 일을 하면 그만큼 목표점에 다다르는 시간이 늦을 수는 있다. 그러나 한 걸음 한 걸음 걸어서 천 리를 가겠다는 여유로운 마음가짐으로 단계별로 나가는 것이 중요하다.'는 점을 거듭 강조했다.

나에게 있어 김은경 원장님은 단순한 다이어트 카운슬러가 아니다. 내 아픔과 고통과 고민을 진지하게 들어주고 때로는 조심스럽게, 때로는 과감하게 잘못된 점을 지적하며 삶의 방향을 제시해 주는 어둠 속의 등불 같은 분이다.

돌이켜보면 나는 굉장한 행운아라는 생각이 든다. 생각만 하면 가슴이 따뜻해지는 사람들이 참 많았던 것이다. 힘겨운 시간을 즐거움으로 바꿔준 한나와 다운이. 나를 믿고 일을 맡겨주신 연규옥 국장님. 부족한 나를 많이 챙겨준 강혜인 씨와 재능교육 동료들. 나를 믿고 사랑을 베풀어주신 학부모님들. 내가 꿈을 이룰 때까지 이끌어주겠다고 하신 김효석 교수님과 성대원 선생님. 길을 잃고 방황하는 나에게 삶의 방향을 제시해 주신 김은경 원장님. 나에게는 모두 소중한 사람들이다. 이들을 만나게 해준 인연에 감사할 따름이다.

나는 힘든 순간이 닥칠 때마다 그들을 떠올리며 강사의 꿈, 교육전문가의 꿈, 작가의 꿈을 이루는 그날까지 하루하루 작은 노력을 계속해 나갈 것이다. 그것이 나를 지켜봐주는 사람들에게 줄 수 있는 가장 뜻 깊은 선물이기에.

나는 또한 다음카페의 '모야모야 가족모임' 회원들에게도 많은 도움을 받았다. 그들의 위로와 격려가 없었다면 모야모야로 인한 서럽고 혹독했던 시간을 이겨내기 힘들었을 것이다. 지금 내가 무엇보다 하고 싶은 일은 3,000명 정도의 회원이 있는 모야모야 가족모임을 사단법인으로 만드는 것이다. 기업체로부터 후원을 받아 저소득층 회원들이 수술을 받을 수 있는 매개체 역할을 하고 싶다. 모야모야가 내게 준 아픔을 좀 더 좋은 사회를 만드는 발판으로 삼고 싶다.